働く喜び
未来のかたち

転職市場の最前線から
「未来のはたらく」が見えてくる

リクルートキャリア ◆編

はたらくエバンジェリスト
リクナビNEXT編集長 藤井 薫 ◆著

言視舎

はじめに

あなたの「働く姿」は、鏡にどう映っている？

　突然ですが、あなたは毎朝、どんな思いを持って「仕事に向かっている」でしょうか。あなたを映す鏡があったとしたら、そこにどんな「働く姿」が映っているでしょうか。
　毎朝、イキイキと目覚め、仕事にワクワク向き合っている自分。それとも、
　毎朝、イヤイヤと目覚め、仕事にダラダラと向き合っている自分でしょうか。
　そして、共に働く仲間を映す鏡には、どんな「顔」が映っているでしょうか。
　あなたの職場を映す鏡には、どんな「雰囲気」が漂っているでしょうか。

　近未来のオフィスならば、高精度のAI（人工知能）を搭載した鏡が、職場の画像を認識し、あなたの姿や仲間の顔や職場の雰囲気から、次のような診断結果を表示するかもしれません。

```
・Work Pleasure AI Mirror
 2020.X.X.（mon.）

 本日のあなたのイキイキ度：イヤイヤ度＝10:90
       仲間の　ハツラツ度：ゲンナリ度＝60:40
       職場の　ワクワク度：ドンヨリ度＝30:70
```

　こんな数値が表示されるまでもなく、私たちの毎日の「働く姿」や「働く気持ち」、そして、「働く喜び」は、日々、変化しているのだと思います。もちろん、心は複雑ですから、実際にはこうした単純な比率だけでなく、イキイキ度：イヤイヤ度＝80:70など、足して100を超えるような、歓喜と辛苦が複雑に折り畳まれ、重なり合った心の状態もあるのだと思います。

　「働く喜び」が、日々、揺れ動いたり、悲喜交々に心が重なり合ったりするのは当然です。しかし、人生の中の多くの時を注ぎ、大切な仲間とともに、大切な何かを成し遂げようとする毎日の「働く」が、あなたのイキイキや、仲間のハツラツや、職場のワクワクに、深いところで繋がって、「働く喜び」に満ち溢れていることは、とても大切なことではないでしょうか。
　逆に、あなたのイヤイヤや仲間のゲンナリや職場のドンヨリが、長く続いてい

るのであれば、あなたの「働き方」「生き方」、そして「働く職場」は、いま転機にあるのかもしれません。

待ったなしの「働く喜び」変革

　8割の人が「働く喜びは必要」と思っているのに、6割の人が「働く喜びを感じていない」。そんな衝撃の調査結果があります（序章で詳述します）。今この国には、「働く喜び」の向上が待ったなしの状況なのです。

　少子高齢化が進み、急速な人口減少時代を迎え、さらには、サービス経済化が進み、グローバル化とデジタル社会への転換が進む日本。そこでは、一億総活躍社会の実現が待ったなしと言われています。そうです。「一億総労働社会」ではなく、「一億総活躍社会」です。それは、単に「働く」人が増えればいいのではなく、「働く喜び」を持った人が増え、イキイキと活躍する世の中。一人ひとりにあった生き方・働き方で社会に貢献できる世の中です。「一億総画一労働社会」ではなく、「一億総多様活躍社会」の実現。それこそが、私たちの日本の本質的な命題なのだと思います。

　毎日イヤイヤ、ゲンナリ、ドンヨリな職場が蔓延する日本。
　毎日イキイキ、ハツラツ、ワクワクな職場が満ち溢れる日本。

　もしあなたが、プロフェショナルを自負する働き手であったとしたら。
　もしあなたが、優秀なメンバーを預かるマネジャーであったとしたら。
　もしあなたが、社会変革に邁進する、志高き経営者であったとしたら。
　どちらの未来を世界に誇り、そして、どちらの未来を子供たちに残したいでしょうか。

　いま、世の中に溢れる「働き方改革」や「生産性革命」の大合唱も、そうした機運の現れです。しかし、その改革や革命には、「旧来のシステムや仕組み」の発想が色濃く見え隠れします。「働き方改革」の主眼は、どこか、企業主体の管理と統制に注がれている感すらあります。それは、一つ間違えると、人を道具とみなす機械論的な操作主義が頭をもたげ、「働く人々」を苦しめ、「働く喜び」を失う方向に行きかねないとも危惧しています。

　「働き方改革」の裏にある声がそれを証してくれます。

「顧客に向き合いたいのに、全員一律の早帰りで信頼を失い、納得できない」
「労働時間の上限が厳しく監視されるため、スマホで隠れて残業をしている」
「生産性を上げるため、職場から私語がなくなり、アイデアも雰囲気も減退した」

　こうした「働き方改革」「生産性革命」の先には、決して「働く喜び」は生まれないでしょう。だとしたら、「一億総活躍社会」は、絵に描いた餅になってしまいます。やはり、「未来のはたらく」は、人を道具とみなす「システムや仕組み」の思想からではなく、人を一人の人間とみなす「すがたとかたち」へのまなざしから始まるのではないでしょうか。

「人の可能性」をとことん信じる

　ひとりでも多くの人たちが「働く喜び」を膨らませ、「働く喜び」の輪が、新たな活力を生み出している社会を作りたい。

　これは、私たちリクルートキャリアのビジョン、私たちが目指したい未来です。そこには、「人の可能性」をとことん信じる私たちの人材観が息づいています。

　人は誰もがかけがえのない持ち味を持ち、成長し続けることができる。
　私たちは、どんな時でも、その一人一人の可能性を信じ、期待し続ける。

　本書は、そんなリクルートキャリアが見つめる「未来のはたらく」をお伝えしようと企画されたものです。中でも、転職市場の変化から見えてくる胎動を、「はたらく人」へのまなざし、そして、「働く喜び」に寄り添う企業のあり方にフォーカスしてお伝えしてゆきます。
　まずは、序章にて、今の日本の「働く喜び」の不都合な真実、生き方の先人に学ぶ「働く喜び」の深部を見つめ、5000人の調査からわかった「働く喜び」を生み出す構造について解説します。
　第1章では、変わる社会の構造、第2章では、変わる労働市場、変わる個人と企業の関係と題して、「未来のはたらく」の不可逆な構造変化、企業も個人も突き付けられる命題を見つめます。時空を広げ未来を見立てると、そこにはワクワクする機会が立ち顕れます。
　第3章では、「働き方改革」ならぬ、【働く方変革】の3つの変化と題して、出現しつつある「未来のはたらく」の仕立てを見つめます。【働き方（方々）変革】

【働く方（方向）変革】【働く方（方法）変革】。そこでは、これまで常識であった、【従業員といった概念】【転職の際の年齢や業界の壁】【雇用という企業との繋がり方】が、大きく転換する兆しが見えてきます。

第4章では、変わる企業の採用戦略と題して、人材獲得競争が激化する転職市場において、今、企業がどんな危機感とスタンスで、はたらく人々に向き合い始めているかを見つめます。第5章では、「AI（人工知能）が拓く未来の働く」と題して、先端テクノロジーが、私たちの働く未来の可能性をどう拓くか。文明の利器や智慧を使いこなす知性を見つめます。

第6章では、プロが語る転職市場のいまと題して、日々、求職者や求人企業と向き合う弊社リクルートエージェントのプロフェッショナル・キャリアコンサルタントの声から、求職者や求人企業の新しい胎動をお伝えします。各業界の業界背景、企業戦略、採用戦略、求職者の動きから、働く人々の持ち味を生かせる、新たな職場の選択肢が見えてきます。第7章では、【働く方変革（方々・方向・方法）】を先取りした先駆者の生き方をご紹介します。そこには、「働く喜び」の深部に通じるヒントが込められています。

そして終章では「働く喜び」の源となる人類の宝物を巡ります。そもそも「人間とは何者か？」人類は他の生物と何が違うのか？「働く喜び」の源泉を見つめていきます。

"ヒトと情報"の「無限のチカラ」に魅せられて

皆さん、こんにちは。リクナビNEXT編集長の藤井です。普段は、マスコミ取材や社外講演や執筆を通じて、変わる転職市場や企業の採用戦略、人と組織の新しい関係、HRM（Human Resource Management）の変容、そして新しい生き方・働き方の"今と未来"を発信しています。「未来のはたらく」を引き寄せる伝道師、「はたらくエバンジェリスト」として、日々、祈りを込めて発信しています。

今から30年前。私は、一つのビジョンに心惹かれて、リクルートに入社しました。「情報が人間を熱くする──リクルート」。当時、流れていたリクルートのCMのメッセージです。これからの時代、世の中を動かしていくのは、"ヒト・モノ・カネ"より"ヒトと情報"である！　そんなビジョンが私の中に舞い降りてきたのです。以来、社会の構造を変える"ヒトと情報"の「無限のチカラ」、人々の新しい生き方・働き方を支える"ヒトと情報"の「ワクワクするチカラ」に魅せられ続け、今に至ります。

これまでエンジニアや起業家を応援する情報誌『TECH B-ing』『Tech 総研』『アントレ』や、リクルートワークス研究所、リクルート経営コンピタンス研究所など多くの仕事を通じ、人と組織、テクノロジーと事業、今と未来の編集に携わってきました。そうした中で、編集記事のインタビューやイベントでの対談などを通じて、新しい世界観を拓くプロフェッショナルやテクノロジスト、そして、良き社会を創ろうと邁進する志あるアントレプレナーなど、「未来の働き方、生き方」を拓く多くのトップランナーの方々の肉声に触れて来ました。

そこには、これからの「働き方」「生き方」「働く喜び」のヒントになる、深いメッセージが込められていました。そうした言葉は、今でも私の心に深く刻まれています。

自分のやりたいことに人生を賭けられる社会、子供が未来に希望を描ける社会、今よりもっと「働く喜び」に満ち溢れた社会の実現こそ、私たちの夢なのです。「働く喜び」の輪が広がる社会は、「人と情報」が結び合う無限の力、「人と組織」が高め合う新しい可能性を秘めている。その思いと祈りを込めて、本書を綴ります。

日々、悪戦苦闘しながら働くビジネスパーソン、経営と現場を結節し、人の才能開花に心尽くす人事担当者、そして、自らの存在価値を賭けて社会を善きものにしようと志す企業経営者。そうした"人と組織が持つ無限の可能性"を信じる全ての方々に捧げたいと思います。

「未来のはたらく」は、「働く喜び」、そして「あなたも知らないあなたの持ち味の発露」が握っている。さっそく、未来の旅に出かけましょう。

　　　　　リクルートキャリア　リクナビNEXT編集長　はたらくエバンジェリスト
　　　　　　　　　　　　　　　　　　　　　　　　　　　　　　　　藤井薫

目次

はじめに···3
 あなたの「働く姿」は、鏡にどう映っている？·······························3
 「人の可能性」をとことん信じる··5
 "ヒトと情報"の「無限のチカラ」に魅せられて·······························6

序章　「働く喜び」は、人間の可能性を拓く···13
 日本の「働く喜び」が悲鳴をあげている·······································13
 生き方、働き方、働く喜びの深部に触れて···································14
 「働く喜び」が生まれる3C構造··17
 自分と世界を直線と見るか、円と見るか？···································19
 「働く喜び」の深部を旅する地図···21

第1章　いま、我々はどこに立っているのか？···23
～変わる社会構造～

Technology　第4次産業革命・AI／人　共進化（知性の時代）··············24
 第4次産業革命による新しい時代の幕開け···································24
 新たな人間、新たな知性の始まり··25
 AIで雇用は奪われるのか？の狭い議論··26

Social　少子高齢化・人口オーナス（長寿の時代）····························29
 急降下に入った絶叫マシン！？日本··29
 四度目の人口減少が伝えるメッセージ···30
 高齢者は、若者の肩の上に乗りたい？···31

Economy　サービス経済化・モノからコト（意味の時代）·····················34
 サービス経済化する「未来のはたらく」·······································34
 「モノ作り」から「コト作り」、そして「意味創り」へ························35
 AIによるゲームのルールチェンジ··36

Politics　管理統制から自己組織化（共生の時代）······························38
 共感経済の「未来のはたらく」···38
 自己組織化の新たな組織··39

第2章　変わる労働市場、変わる個人と企業の関係……41
　日本の労働市場の不可逆な構造変化……42
　企業寿命20年　職業寿命50年……44
　企業にも個人にも突き付けられる命題……46
　「永遠に輝くため」の「はたらく」仕立て……47
　日本型雇用システムで失った「自分」……48
　自らの人生を自ら切り拓く人々が溢れる時代……49
　Column 働く満足度とMPSから見えるキャリアオーナーシップの重要性……51
　「100年キャリア時代の就業システム」……53

第3章　「働"き"方」から「働"く"方」へ……55
　「働く喜び」を取り戻すための、三つの【働く方変革】……56

【働く方（方々）変革】　主人公化、従業員から主業員へ……57
　【働く方（方々）変革】ケース① ライフスタイルに合わせた働き方……58
　Column 求人市場の主権は、企業から個人にシフトする～ライフフィット転職～……60
　【働く方（方々）変革】ケース② 人を縛らない職場……62
　フラットな関係性の"SHOKUBA"の共創に光をあてるプロジェクト～
　GOOD ACTION～……64

【働く方（方向）変革】　分散化、一中心から多中心へ……65
　【働く方（方向）変革】ケース① 業種の壁を越える異業種転職……66
　転職決定者データで見る【働く方変革（方向）】：
　消える業種の壁、高まる異業種転職……68
　【働く方（方向）変革】ケース②年齢の壁・規模の壁を越える転職……70
　転職エージェントを表彰する日本最大級のイベント「GOOD AGENT AWARD」…73
　転職決定者データで見る【働く方（方向）変革】：消える規模の壁
　～高まる大手企業 ⇄ ベンチャー企業間転職～……74
　転職決定者データで見る【働く方（方向）変革】：消える年齢の壁
　～高まるOver40's転職・35歳転職限界説の消滅～……74
　【働く方（方向）変革】ケース③ 地方の壁を飛び越える転職……75
　転職決定者データで見る【働く方（方向）変革】：消える地域の壁
　～高まるUIターン人材への期待～……77

【働く方（方法）変革】　紐帯化、束縛から信頼へ……79
　複業の時代・百姓の生き方が復権する……80

【働く方（方法）変革】ケース① 会社を越えて繋がる（複業・終身信頼）……83
　　　【働く方（方法）変革】ケース② 会社を辞めずに繋がる（新しい紐帯での貢献）……84
　　　会社を越えて成長企業に参画できるサービス「サンカク」……87
　　　【働く方変革】の先にある「働く喜び」へ……88

第4章　変わる企業の採用戦略……91
　　　新たな次元に突入した人材争奪戦……92
　　　次代のリーダー人材1人に4社から6社が殺到……92
　　　人材争奪戦の背景にある経営の危機感……93
　　　採用の進化が企業の生死を分ける……94
　　　タレント×ショート型採用の破壊力……95
　　　経営トップの新大陸への情熱……97
　　　Column BOX：IT系エンジニアの賃金動向……99
　　　自らビジョンを発信しだした現場リーダー・スター社員……100
　　　転職決定者データで見る　変わる働き手の志向……101
　　　就社から就職場へ。人事から職場長へ～変わる粒度と話者……103
　　　企業が発信すべきH.B.L……104
　　　Column 稀少かつ重要なタレント人材を採用するリファラル・リクルーティング……106
　　　社員紹介採用活動をサポート「GLOVER Refer（グラバー・リファー）」……106

第5章　AIが拓く未来の働く……109
　　　待ったなしの人と組織のリデザイン "HR Intelligence"……110
　　　AIを手に入れた人事はどこへ向かうのか？……112
　　　AI利活用の二つの壁（2つのAとA）……114
　　　AnalyticsよりA？？？、最適解より納得解……115
　　　人の無限の多様性に向き合う人事へ　～ITのジレンマを止揚して～……118
　　　人を中心に据えたAI活用の採用支援ツール（成果報酬型のサービス）
　　　「リクナビHRTech転職スカウト」……120
　　　VR/ARが人事に迫る"遠隔と存在"の新たなHRM……121

第6章　転職戦線、異常アリ！プロフェッショナル・コンサルタントが語る転職市場の今……127
　　　業界の壁、時間の壁が溶けだす「未来のはたらく」……128

消える年齢の壁
Over40's(ミドル・シニア)人材採用に見る企業の採用戦略の変容 ····129
- IT通信(SIer、ITベンダー、通信キャリア、IT技術派遣、ソフトハウス 等)····129
- インターネット(インターネットサービス、ゲーム 等)····130
- 電気・電子・機械····131
- 化学····132
- 医薬・医療・バイオ····132
- 消費財・総合商社····133
- 人材・教育····134
- マスコミ・広告····134
- コンサルティング····135
- 金融····136
- 建設・不動産····136
- 外食・店舗型サービス····137

攻める新規の壁
新規事業創造を加速する"イノベーション人材"争奪戦 ····138
- IT通信(SIer、ITベンダー、通信キャリア、IT技術派遣、ソフトハウス 等)····139
- インターネット(インターネットサービス、ゲーム 等)····140
- 電気・電子・機械····140
- 化学····141
- 医薬・医療・バイオ····142
- 消費財・総合商社····142
- 人材・教育····143
- マスコミ・広告····144
- コンサルティング····144
- 金融····145
- 建設・不動産····146
- 外食・店舗型サービス····146

トップ・コンサルタントが語る
ハイキャリア・グローバル人材の胎動 ····148
- コンサルティング・ファーム業界····148
- 半導体業界····151
- 自動車業界の採用の「今」と「これから」····155

化学業界·····158
　　　デジタルマーケティング業界·····161

第7章　誰もが起業家になる時代·····165
　　　三浦雄一郎さんに学ぶ冒険遺伝子と生き方·····166
　　　福岡伸一さんに学ぶ動的平衡と生き方·····172
　　　新しい生き方・働き方＝「雇われない生き方」を応援·····179

終章　私たちは何者なのか？·····181

人類の宝物 ネオテニー
何歳からでも新しい自分を拓く　後天発展・自由自在性·····182
　　　人類の宝物その①　〜ネオテニーの発展性〜·····182
　　　超高齢社会は、人類の本来の姿·····183

人類の宝物 機会
人生の偶然の出会いを計画的に楽しむ　好奇心・柔軟性·····184
　　　人類の宝物その②　〜機みと出会いの可能性〜·····184
　　　人生は「機会」に彩られている·····185
　　　個人のキャリアの8割は予想しない偶発的なことによって決定される··186

人類の宝物 共同幻想力
ホモ・サピエンスが持つ　目に見えないものの想像・信頼・共生力·····187
　　　人類の宝物その③　〜「賢い人」（ホモ・サピエンス）の共同幻想力-187
　　　「人間不信」「人間阻害」の世紀をくり返さないために·····188
　　　人間本来の知性を発露する世紀へ·····189
　　　唯脳論的知性より身体的知性·····190

『働く喜び』の深部へ　旗楽、傍楽　生き切る時代·····192
　　　歴史から問われる「未来のはたらく」·····192

おわりに·····195

CHAPTER

0 「働く喜び」は、人間の可能性を拓く

日本の「働く喜び」が悲鳴をあげている

　そもそも働く上で、「働く喜び」を必要としている人は、どれくらい、いるのでしょうか。
　実際、こんなデータがあります。
　私たちリクルートキャリアが日本で働く約5000人に調査した結果、「働く喜び」を必要としている人は78.6%でした。やはり、人生の多くを共にする「働く」という営みには「喜び」は不可欠だと、約8割の人が思っているのです。
　しかし、驚くのは次の数字です。

　現在「働くことに喜びを感じている」人は、就業者全体のうちわずか36.1%。逆に、「働く喜びを感じていない」人は、63.9%もいたのです。
　さらにこんな回答も得られています。「働くと聞いて思い浮かぶ言葉は？」。その回答件数の上位には、「報酬」「生活」「お金を稼ぐ手段」といった言葉が並び、また「つらい」「しんどい」「疲れる」「苦しい」「イヤだ・辞めたい」などのネガティブなワードも多く見られました。
　一方で、「生きがい」「やりがい」「楽しい」や「誰かの役に立つ」と言ったポジティブワードは、全体の1割弱と驚くほど少なかったのです。

　8割の人が「働く喜びは必要」と思っているのに、6割の人が「働く喜びを感じていない」社会。「つらい」「しんどい」苦役を、お金や休日や肩書きなどの外的モチベーションだけで癒して、騙しだまし働く社会。毎朝イヤイヤ仕事に向かい、仲間の顔にはゲンナリが映り、職場からはドンヨリが漂う社会……。今の日本の「働く」を映す鏡に、そんな働く人々の悲痛な姿が映っているのが事実だとしたら、こんなに悲しいことはないのではないでしょうか。

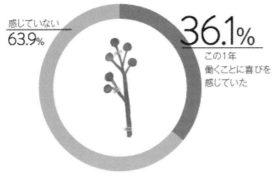

リクルートキャリア 2017 年「働く喜び調査」報告書より
http://www.recruitcareer.co.jp/company/vision/pdf/research_report.pdf

一方で、こんな声も聞こえてきます。

生き方、働き方、働く喜びの深部に触れて

「本当に涙が出るほど……、辛くて、厳しくて、嬉しかった」
「最後まで諦めない人々に、運はやってくるのだと思います」

登れる確率は30％。一流の登山家でさえ一つ間違えば命の保証なし。

そんな中、75歳の高齢に加え、心臓不整脈を抱えつつも、
見事、エベレストの再登頂の偉業を叶えた冒険家 三浦雄一郎さんは、
命を賭して支えてくれたクルーへの最大限の感謝を述べつつ、
不確実な時代に、自分らしく生きるためのヒントを明かしてくれました。

（『アントレ』2008.10月号　働き方の先にある生き方とは？編集長対談にて）

「義務のように仕事をこなすことほど、無意味なことはないでしょう。
とにかく面白いと思うこと、挑戦しがいがあることに集中するべき。
だから一つのルールを課したんです。常に新しいことに挑戦しようと。
それが楽しいかどうかはわからない。でもやってみたら案外楽しいかも」

AndroidもWindowsも。FacebookもGoogleも。そして自動走行車にもドローンにも。今や世界中のソフトウエアを動かすようになった無料のOSであるLinux（リナックス）。その生みの親であり、ネットワーク型組織の可能性を拓いたリーナス・トーバルズさんは、オープンソース運動に楽しんで参加してくれた世界中の仲間に感謝しながら、仕事を楽しむ秘訣（自著『Just for Fun』）について、静かに語ってくれました。

（『TECH B-ing』エンジニアの理想の生き方とは？編集長対談にて）

「その瞬間、天井が取り払われた。
これからは自分の意志で誰にも邪魔されずに昇れるだけ昇りつめられる、と思った。そして足元を見ると、床が抜け落ちていた。これからは自分の存在が、誰かに支持されなければ奈落のそこまで堕ち続けると、恐れた。
しばらくして、自分を囲んでいた前後左右の壁がなくなっていることに気づいた。お客様からの良い評判や美味しい話は、上司にさらわれず直接自分にもたらされた。一方で、自分には受け入れ難い醜聞も、何の緩衝材も経ず直接自分に突き刺さった。
全てが自己責任。しかし全ては自分の自由意志。
自分の言葉で、自分の意志で生きている充実感は、なにものにも変えがたい」

「社会の中の自分の存在意義をこれほど見つめ直し、実感したことはなかった」
「独立は、孤立とは違う。支えられ、されど迎合せず。個性と感謝で立つ」

（『アントレ』100号記念号読者開業を実現した読者の声より）

長年働いた大手メーカーでの経営企画・事業開発責任者の高職を捨て、50代

で独立起業。今や、日本中の大企業のイノベーションを先導されているDさんは、独立初日の不思議な心象風景を、このように語りつつ、自分らしい生き方の見本を指し示してくださいました。

　人生を賭して生きる。本当に、面白いから働く。個性を生かして起つ。三浦さんやリーナスさんや独立起業家Dさんの実践に裏打ちさせたメッセージには、人や組織の中に眠る人の無限の可能性を拓く、これからの「生き方・働き方」のヒントが隠されているのではないでしょうか。

「辛くて厳しいけど、嬉しい」という生き方・働き方。
「楽しいかわからないけど、やってみると案外楽しい」という生き方・働き方。
「支えられ、されど迎合せず。個性と感謝で起つ」という生き方・働き方。
　そこには、単純な「嬉しい」「楽しい」や、狭い「自分らしさ」を超えた深い「働く喜び」が息づいているように感じます。

　人工知能の父、マービン・ミンスキーは、その著書『脳の探検』で次のように述べています。

「なぜ子供たちは、遊園地の乗り物に喜んで乗るのだろうか？　乗り物を乗るには、怖かったり、また時に気分が悪くなったりするのを知っているのに関わらず、どうして喜ぶのだろうか？〜（中略）〜つまり、心のある部分では嫌がっているのに、別の部分では、嫌がっている部分を働かせるのをむしろ喜んでいるのである」

　心のおもむくままに遊ぶ。喜びと苦しみ両端を往還しながら、好奇心に向かう。そんな心待ちで、子供のように「遊び働く」ことこそ、"人間の本質"を孕（はら）んだ「働く喜び」があるのかもしれません。そうして見た時に、今の「働き方改革」が進む日本の「はたらく」に、どこまで「苦難に向かい、無邪気に遊ぶ」"すがた"が息づいているか、考えさせられるのではないでしょうか。

　漢字の巨人、白川静さんの辞書『常用自解』で調べると、こんなことが書いてあります。

「喜」の会意は、壴（こ）と口を組み合わせた形。太鼓の形である壴に、神への祈りの文である祝詞（のりと）を入れる器の口（さい）を備えた形。神に祈るとき、太鼓を打ちながら歌い舞って祭りをすると神は喜ばれる。つまり、喜は神を楽しませ喜

ばせるために太鼓を打って祈る意であった。

こうしてみると、「働く喜び」は、"自分を超えた誰か"に、祈り捧げる営みとも見えてきます。自分の他者、その先にある「おおいなるもの」へ祈りを込めて働く。今、「働き方改革」が進む日本の「はたらく」に、こうした古代の人々の"まなざし"は、息づいているでしょうか。

「働く喜び」が生まれる 3C 構造

子供が遊ぶように無我夢中で、自分を超えた何かに向かい苦楽を重ねる。三浦さんやリーナスさんや起業家 D さんが実践された「働く喜び」は、どのように引き寄せることができるのでしょうか。

一つの希望とヒントがあります。それはまさに、いま、働く人々の声から見えてきたものです。先ほどの働く男女約 5000 人に調査した結果、「働く喜びは自分で増やせると思うか？」との問いに、実に 71.7% の方が「働く喜びは自分で増やせる」と答えたのです。前述したように、6 割の人が「働く喜びを感じていない」反面、7 割の人が「働く喜びは"自分で"増やせる」と思っている実態。これは、未来に向けた大きな希望だと思うのは私だけでしょうか？

さらに、「どうすれば、働く喜びを増やすことができるのか？」との問いへ寄せられた声（前ページ）を分析した結果、「働く喜び」を創り出す 10 のトリガーが見えてきました。中で

01 自分の気持ち	● 働くことを自分事として考える事で興味がわき、積極的になり、スキルを高めることが出来る。結果、働くことに生きがいを感じる事が出来るようになる。	
02 お客様のため、人のため	● 自分のためはもちろんであるが、他人に喜んでもらうことがすなわち自分自身の喜びであると感じる気持ちを持つことが大事だと思う。 ● 日々ご来店のお客様に気を使い、そのお客様がリピーターとなって再びご来店下さった時に働く喜びが得られるので、常に真剣勝負でお客様と向き合うことで働く喜びを増やせると思います。	
03 周囲とのコミュニケーション	● 働く中で自分が誰かに必要とされ、自分の持っている力で満たしてあげることができれば喜びは増える。 ● 働く仲間（同僚）と良い意味での競争、共有感が持てる、助け合える環境がある。 ● 職場における自分の役割や立場をきちんと理解して、上司や同僚、顧客とのコミュニケーションをもっと図ることが出来れば、社内に自分の居場所ができ、それによって仕事に対する達成感や、職場での一体感が生まれ、働くということの喜びが増えると思います。	
04 自己研鑽・スキルアップ	● 自分の仕事で必要な勉強を少しずつでも始めて、資格を取る。更にスキルアップをする事で、会社に貢献出来ることを増やす。それによって自分の存在意義を見出すことが出来れば、それが喜びになると思う。 ● 自分のスキルを向上させ、周りに安心感と信頼を得る事で自分の存在を生かせる事が出来る。	
05 目標の設定と達成	● 目標を設定してその目標達成の為にスケジュール管理をして自分の力で困難を乗り越えるシュミレーションを実際に実践する。小さくても良いから自分の目標を日々作る前向きに仕事をとらえて、できたら自分をほめる。	
06 制度・収入などハード面、環境面	● 中々希望通りにはいかないが、自分に似合った職種や職場であれば働く喜びは増やせると思う。 ● プライベートも充実して、楽しい人生を送れれば、仕事もその延長線上で生き生きと楽しく行える。	

リクルートキャリア 2017 年「働く喜び調査」報告書より

も、「自分の持ち味を生かせているか」どうかは、働く喜びに最も大きな影響を与えていることがわかりました。さらに、「自分の持ち味や自分の軸となる価値観の自覚」「それらが生かされる仕事・職場を選択していること」「上司・同僚との密なコミュニケーション・期待がある職場環境」が、働く喜びに大きな影響を与えていることがわかりました。

弊社では、これを「働く喜び」が生まれる構造として発表しています。さらに私はこれを、「働く喜び」が生まれる3C構造と呼んでいます。3Cは、以下の意味です。

Clear（持ち味の自覚や、やりたいこと、自分軸の自覚）
Choice（持ち味を生かせる、仕事・職場を選択）
Communication（上司・同僚との密なコミュニケーション、期待がある）

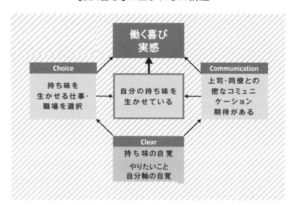

【働く喜び】が生まれる3C構造

自分の持ち味が自覚できていて（Clear）、その持ち味を活かせる職場を自ら選択でき（Choice）、さらに、上司や同僚などの仲間と深く期待し合っている職場がある（Communication）。それが「自分の持ち味が生かされている」という納得感につながり、「働く喜び」が生み出される。まさに、三浦さんやリーナスさんや独立起業家Dさんの「はたらく」に共通のものだと思います。

自分と世界を直線と見るか、円と見るか？

「辛くて、厳しくて、嬉しい」「怖いけど楽しい」。「働く喜び」の深部に、正反対の感情を伴った両端性があったように、「働く喜び」を構成する3Cにも両端性が横たわっているように感じます。

世界的な社会心理学の権威、リチャード・E・ニスベット教授の著『木を見る西洋人、森を見る東洋人』(ダイヤモンド社)の冒頭に、中国人学生が語ったこんなエピソードがあります。「いいですか、先生。先生と私の違いは、私はこの世界を円だと思っていて、先生は直線だと思っていることです」。

他にも東洋と西洋では、正反対の世界のものの見方があるのです。

東洋と西洋に見る世界のものの見方

	西洋人	東洋人
世界観	この世界は直線だと思う	この世界は円だと思う
自分と世界	自分も含め、物事は単純で固定していて、直線的に前へ進んでいける。	自分も含め、物事は絶えず変化しながら、元のところへ戻ってくる。
注意と知覚	目立つ対象物に多くの注意を払う	環境全体に多くの注意を払う
環境への姿勢	思い通りに環境を変えられると信じている	調和する
変化への仮定	安定を仮定している	変化を仮定している
世界体系への習慣	カテゴリーを好む	環境を強調する
形式論理学の使用	論理規則を用い出来事を理解する	曖昧寛容
弁証法の適用	矛盾に直面した時、一方の信念が他方より正しいことにこだわる	中庸

『木を見る西洋人、森を見る東洋人』(ダイヤモンド社)より筆者が簡略化

こうした洋の東西のものの見方や、社会のあり方の違いは、これまでの文化人類学者、社会心理学者などの研究でも、明らかになっています。

西洋:ゲゼルシャフト(道具的な目標を達成するために組織された利益社会)
東洋:ゲマインシャフト(共有されたアイデンティティー意識に基づく共同社会)

社会学者フェルナンド・テンニース

西洋：ローコンテキスト社会（形式智が共有されている社会）
東洋：ハイコンテキスト社会（暗黙知が共感されている社会）
文化人類学者エドワード・H・ホール

西洋：自分で課題を選択する条件で、高い意欲を示した（自主選択性）
東洋：母親が課題を選択する条件で、高い意欲を示した（他者配慮性）
米国、アジアの7歳の子供へのアナグラム（文字の並べ替え課題）実験にて
社会心理学者シーナ・アイエンガー

　本書は、こうした両端性の観点も持ちながら、「働く喜び」を構成する3CであるClear、Choice、Communicationを見つめてゆきたいと思います。

● Clear（自己認識の両端性）
西洋的Clear：自分には、他者にはない、かけがえのない個性がある
　　　　　　　個人は、individual（分割できない）な存在である
東洋的Clear：自分は、相手や周囲が変われば自分も変わる流動する存在である
　　　　　　　個人は、多重な個性を発露する分人（dividual）的な存在である
両端的Clear：人には、かけがえのない個性と、未だ見ぬ個性が息づいている

● Choice（仕事・職場の選択理由の両端性）
西洋的Choice：思い通りに自らが選択できる、論理的な選択肢が大事
東洋的Choice：思いもよらない偶発の選択も、調和的な関係性が大事
両端的Choice：「（自ら）選び（環境に）合わせる」ができることが大事

● Communication（職場の相互期待の両端性）
西洋的Communication：人は、自分の考えを明確に人に伝える発信機である
　　　　　　　　　　　コミュニケーションの成果の責任は、話し手にある
東洋的Communication：人は、言葉に表さない相手の気持ちを聴く受信機である
　　　　　　　　　　　コミュニケーションの成果の責任は、聴き手にある
両端的Communication：相互期待のカギは、明確に話し、静かに聴く対話にある

Clear,Chioce,Communicationが併せ持つ両端性

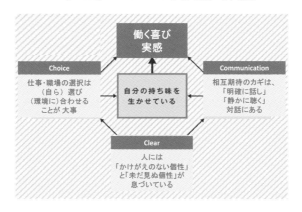

「働く喜び」の深部を旅する地図

本書では、「働く喜び」の深部を三つの軸で巡っていきたいと思います。

一つは、【世の中の変化】です。
社会構造の変化（Social）、技術革新の変化（Technology）、産業構造の変化（Economy）、組織統治の変化（Politics）。私たちの「未来のはたらく」に大きな影響を与える、労働市場の不可逆な構造変化、企業も個人も突きつけられる命題について外観します。果たして、私たちは、どんな時代を生きて行くことになるのか？そのことを見つめます。

次に巡るのが、「働き方改革」ならぬ【働く方変革】の３つの変化です。
【働く方（方々）変革】働く人々に主権が移る。個人と企業の関係が変わる。
【働く方（方向）変革】壁が崩れ転職先が広がる。企業の採用戦略が変わる。
【働く方（方法）変革】管理束縛の関係が変わり、会社との繋がりが変わる。
そんな【働く方変革】を巡ります。ちなみに、質的転換なので、改革ではなく【変革】です。

そして最後が、【人類の宝物】です。
普段は忘れがちですが、私たち人類は、500万年の生物進化の過程で、他の生物には持ち得ない宝物を携え今に至っています。その宝物から「未来のはたらく」を見つめたとき、大きな可能性が拓けてくる。そのことを見つめていきます。

いま、転職市場・労働市場では、「未来のはたらく」に向けた、個人と企業の新たな挑戦が始まっています。「世の中の変化」と「働く方変革」と「人類の宝物」が重なり合った先に、どんな「働く喜び」が立ち現れるのか？ 地図と好奇心を持って、旅に出かけましょう。

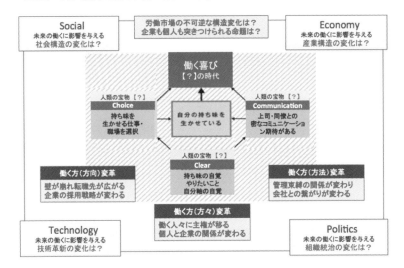

CHAPTER 1 いま、我々はどこに立っているのか？
～変わる社会構造～

> 二つの可能性がある。宇宙にいるのは私たちだけか、そうでないか。
> どちらも同じくらいゾッとする
>
> 『幼年期の終わり』　アーサー・C・クラーク

第4次産業革命、超人口減少社会、ゲームのルールの変容、次世代型組織の出現……。
いま世界は、100年に一度の質的転換点（パラダイムシフト）を迎えています。そこでは、水が100℃の沸点を境に、液体から気体に相転移するように、その前後で、ものごとの様相は全く変わってしまいます。しかも、その変化は、99℃まではあまり変化を感じず、最後の1℃の上昇で激変します。果たして、変化の本質が何か？　その時、主役は誰になるのか？

この章では、私たちを取り巻くマクロな変化を、「はたらく喜び」のまなざしから外観します。
技術革新の変化（Technology）、社会構造の変化（Social）、産業構造の変化（Economy）、組織統治の変化（Politics）。より長い時間軸、より広い空間軸でパースペクティブを広げて、「未来のはたらく」を見つめてみると、そこには、新たな人間、新たな知性の始まりが見えてきます。

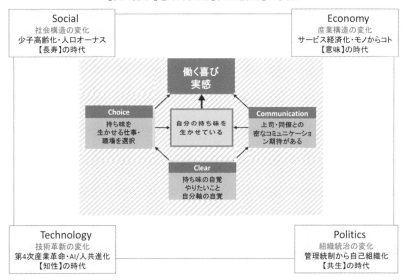

【働く喜び】を取り囲む【社会構造】の変化

Technology
第4次産業革命・AI／人　共進化
（知性の時代）

第4次産業革命による新しい時代の幕開け

「未来のはたらく」を考える時、どうしても避けられない質的な変化があります。

一つ目が Technology（技術）による産業構造・社会構造の変化です。

革新的なテクノロジーの登場は、いつの時代も、私たちの暮らしや働き方を一変させてきました。古くは、農耕革命による狩猟から農業への転換があります。土地の耕作や牧畜による農耕革命は、定住化と作物の計画的な生産と余剰の蓄積を促し、今に通じる社会体制の基礎が築かれました。

その後の、18世紀末以降の蒸気機関による工場の機械化である第1次産業革命、20世紀初頭の電力を用いた大量生産である第2次産業革命、1970年代初頭からの情報技術を用いたオートメーション化である第3次産業革命と続きます。そこでは、**身体能力の拡張や思考の外在化**を実現。地・海・空への**生存圏の拡大**をするとともに、**圧倒的な生産性と利便性**を確立した**都市生活**を多くの人々にもたらしました。

果たして今から200年前に、現代の人々の暮らしや働き方を予見できた人は、どれほどいたでしょうか。それほど、テクノロジーが経済、社会に与えるインパクトは強大なのです。

そしていま、私たちは、AI（人工知能）、VR（仮想現実）／AR（拡張現実）、ロボットなどを用いて、あらゆるモノと人と能力がネットにつながる IoT（Internet of things）、IoH（Internet of Human）、IoA（Internet of Abilities）が加速する新たな産業革命の始まりを迎えています。

ネットワークとロボットを通じて能力をやりとりできるようになれば、例えば、メガネの映像と地球の裏側の自分の分身を一体化し（存在の拡張）、現地の人たちと感覚を共にしながら（体験の拡張）、遊んだり、学んだり、人々を助けるために協力し合うこともできるようになります。これまで、半径100cm以内に束縛されていた眼と頭と手足と才能が放たれてゆく時代。それは自動車やインターネットがもたらした過去の産業革命をはるかに凌ぐ規模で、社会構造の**転換**を迫ります。

新たな人間、新たな知性の始まり

　今回の第4次産業革命は、これまでの産業革命と根本的に異なっている特徴があります。最初の3つの産業革命が蒸気機関、電気、ICTといった「機械による人間力の代替や拡張」「単純労働のはたらく機会の喪失と新たな機械の創出」をもたらしたのなら、第4の産業革命は、デジタルと物理と生物学の融合による**「新たな人間の誕生」**をもたらすことです。

Navigating the next industrial revolution　次の産業革命への道

Revolution 産業革命	Year 年度	Information コアとなる技術
1st. 第1次産業革命	1784	Steam,water,mechanical production equipment 水力や蒸気機関による工場の機械化
2nd. 第2次産業革命	1870	Division of labour,electricity,mass production 分業に基づく電力を用いた大量生産
3rd. 第3次産業革命	1969	Electronics,IT,automated production 電子工学や情報技術を用いたオートメーション化
4th. 第4次産業革命	?	Cyber-physical systems デジタルと物理、生物が融合したシステム

※ WORLD ECONOMIC FORUM の図より作成

　AIの世界的権威で、コンピュータが人間を追い抜くシンギュラリティー（技術的特異点）の著述で知られる未来学者のレイ・カーツワイル氏は、この変化は**「人間と機械の壁を取り除く」**ことにつながってゆくと語っています。しかもその変化は**指数関数的**におこる。2016年に来日したカーツワイル氏が語った言葉は、会場に深く響き渡ったことを今でも覚えています。

「今後100年の間に、これまでの2万年分に相当する発展が起こり、人類は未踏の知性を得る時代になる」。

　氏の予測は、**「新たな人間の誕生」**のビジョンを与え、空想を現実化する「SF（Science Fiction）をFS（Feasibility Study）する」動きを指数関数的に加速しています。

　映画『ブレードランナー』に登場したレプリカント（人造人間）や、映画『マトリックス』のような現実とバーチャル世界の境界が溶ける未来、そして『ドラえもん』や『鉄腕アトム』のような人間とロボットが旧来の壁を超えて日常的に

共進化する世界。そうした空想科学がすでに研究の世界を飛び出し、現実社会に浸潤する日が近づいています。そこでは、単純な量的処理能力を競う"**知能**"や"**異質の知性**"（Alien Intelligence）ではなく、高速な情報処理を味方につけつつ、複雑で質的な問いに思いを馳せ、時には判断を逡巡したり、留保したりする"**人間的な知性**"（Tolerance Intelligence）が期待されます。

**第4次産業革命の特徴の1つは、
私たちのすることが変わるのではなく、私たち自身が変わることです。**
One of the features of this fourth industrial Revolution is that it does not change what we are doing, but it changes us.

世界経済フォーラムの創設者兼会長のクラウス・シュワブ教授は、2016年の年次総会で、世界中からダボスに集まった社会変革リーダーを前にこう語りました。さらにこの革命から人類が恩恵を受ける鍵についてこう付け加えています。

世界中の人々を結びつけ、組織の効率を劇的に改善し、自然環境を再生することができるのか。反対に、組織は適応をできずに、不平等は成長させ、社会の人々の断片化を加速させるのか。その鍵は、地理、部門、分野を超えた協力と、人を最初に置くこと。

ヒトと機械とデータが融合する第4次産業革命。いま私たちは、「能力の刷新」「仕事の再定義」、そして、「人間であることが何を意味するか」に対する挑戦的なアイデアを問われる。そんな新しい時代の幕開けに立ち会っているのです。

AIで雇用は奪われるのか？の狭い議論

クイズ、チェス、将棋、囲碁、東大入試、料理レシピ、お掃除、自動運転、金融取引、Web広告、医療診断、絵画、小説、楽曲……。データから新たな知の発見と推論を行ない、あらゆるジャンルで、人類の知性の代表と言われる名人を打ち負かす進化し続けるAI。いまや世界は、その行く末に、驚愕と危惧をないまぜにして乱舞しています。

そうした中、AIが「働く」に与える影響について、ここ数年、大きな関心を集めているのが、「AIが、人の仕事を奪うのではないか。暴走するのではないか」という脅威論でしょう。

AI脅威論者には、故・イギリス理論物理学者のスティーヴン・ホーキング博

士、マイクロソフト創業者ビル・ゲイツ氏、Facebook 創業者のマーク・ザッカーバーグ氏など、科学者やハイテク企業のトップにも少なくありません。背景にあるのは、AI の能力の飛躍的な進化です。

　AI が人間の能力を超える技術的特異点（シンギュラリティ）に現実味を与えた 1 つに、2015 年 12 月に英国グーグル・ディープマインド社が開発した囲碁プログラム、AlphaGo が、人間の世界チャンピオンのイ・セドルを破ったことにあります。さらに、人事の世界で衝撃を与えたのが、2013 年に発表されたオックスフォード大学准教授、マイケル・オズボーン氏らによる「10 ～ 15 年の間に、米国の 47％の労働人口が AI やロボットなどによって代替され得る」という研究結果でした[※]。これが注目を集め、急速に脅威論が「自分ごと」となったのです。

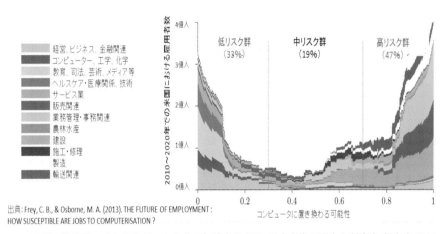

出典：Frey, C. B., & Osborne, M. A. (2013). THE FUTURE OF EMPLOYMENT: HOW SUSCEPTIBLE ARE JOBS TO COMPUTERISATION？

　　出所　総務省　インテリジェント化が加速する ICT の未来像に関する研究会 報告書 2015

※インテリジェント化が加速する ICT の未来像に関する研究会 報告
Oxford 大学の Frey らは、米国労働省のデータに基づき 702 職種のコンピュータによる自動化に対する脆弱性の確率を算出し、「業務管理・事務関連」や「サービス業」等 47％の職種が 20 年以内にコンピュータ等に代替される可能性が高いと分析している

　しかし、時を追うごとに、AI 代替論には、本質的な論や調査が提供され始めました。世界で初めて機械学習の学部を設立したカーネギーメロン大学教授のトム・ミッチェル氏は、「**失われるのはタスクであり、仕事ではない**」と断言しています。（リクルートワークス研究所　テクノロジーと「働く」をめぐる 5 つの論点より）
　海外でも「何十パーセントの雇用が奪われる」という意見は当初の勢いを失い、「何十パーセントの仕事がテクノロジーの影響を受ける」に論調が変わってきています。「45％の仕事が自動化の影響を受けるが、なくなる仕事は 5％に満たな

い」というマッキンゼーのレポートもあります。
http://www.works-i.com/tech/report04_01.pdf

　技術革新は、経済成長による雇用創出と、機械代替による雇用喪失を同時に起こします。その二つの運動は、これまでの産業革命の歴史でも繰り返し起きてきました。1811～1817年に起こった「ラッダイト運動」は、手工業者たちが失業の元凶である機械を破壊した反対運動ですが、その後、機械による生産性向上によって手工業者の所得は増加し、中産階級という新たな雇用者を創出しました。1990年代に起こった「ネオ・ラッダイト運動」は、IT技術の導入による技術的失業を懸念し、普及の反対を唱える運動でしたが、その後の新たなITサービス従事者の増加を生んでいます。

　このように、技術革新は、単純な仕事を人間から奪う一方で、新たな付加価値を生み出す職業を世の中に生み出してきました。また現実には、失業リスクに直面する前に、タスクの組み換えによる仕事や役割の変化に直面する人のほうが圧倒的に多いのです。

　人間とAIの共進化の可能性を指し示した例があります。
　AIに敗北を喫したチェスの世界チャンピオン・カスパロフは、「**自分もAIのように過去の膨大な試合のデータベースを試合の場で使えたならば、もっと有利に戦えたのではないか**」と考え、フリースタイルの試合形式を考案したのです。2014年の選手権では、AIだけプレーヤー42勝に対し、AIの助言を聞きつつ、ときには自分の判断で駒を動かすAIと人間の混成体は、何と53勝しているのです。その名も"ケンタウロス"。馬と人間のハイブリッドになぞらえられています。つまり、人間がAIと協働することで、AIの能力を上回ることができたのです。（参照『〈インターネット〉の次に来るもの　未来を決める12の法則』（ケヴィン・ケリー著、服部桂訳、NHK出版、2016）

　仕事の代替喪失を心配する前に、ゲームのルールを再定義し、その新たなゲームに対して、テクノロジーとどう共存し、新たなパフォーマンスを実現するか。「AIによる代替」ではなく「AIとの共進化」。これからは、その知性こそが問われていくのです。

Social
少子高齢化・人口オーナス
（長寿の時代）

急降下に入った絶叫マシン！？日本

　第4次産業革命による技術革新とともに、「未来のはたらく」を考える時、どうしても避けられない質的な変化。二つ目は、Society（社会構造）の変化です。
　Society（社会構造）のパラダイムシフトの核心にあるのが、人口動態の変化です。日本の人口推移を、長いレンジで巨視的に見つめると、そこには、日本社会の転換点が見えてきます。まずは、800年からの1300年間の人口変化を見てみると、ジェットコースターのような形が立ち現れます。

　まずは、助走期。鎌倉幕府成立から江戸幕府成立までの400年間は、人口は750万人から1227万人へ緩やかに増加します。次に、第一次勾配（上昇）期。享保の改革までの100年間で、人口は3128万人へと2.5倍に増加します。次の150年間は、水平滑走期。明治維新まで3330万人と安定推移。そして、超急勾配（急上昇）期。明治政府が西洋諸国に対抗し、機械制工業、鉄道網整備、資本主義育成により近代化を推進した「殖産興業」によって、人口は一気に1億2808万人まで増えました。そして、今日、2008年をピークに、超急勾配（急下降）期を迎えています。

　このまま現状が継続することを前提とすると、2100年には日本の総人口は5000万人弱まで減少し、明治末頃の人口規模になる見込みもあると言われています。

　こうして見てみると、1868年の明治維新から今日の2018年に至る150年間、そして、2100年に至るこれからの80年は、絶

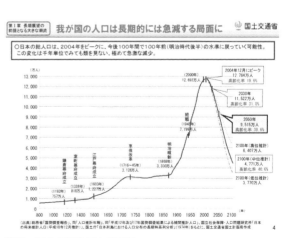

出所　国土交通省国土計画局
http://www.mlit.go.jp/common/000135837.pdf

叫マシンのごとく人口変化が大きい社会です。それは、上を見上げる景色から足元を見つめ直す景色へと、質的転換を迫られているともいえるのではないでしょうか。

四度目の人口減少が伝えるメッセージ

さらに、時間のレンジを広げて歴史を振り返ると、新たな歴史のメッセージが聞こえてきます。

実は、日本列島が人口減少に直面したのは、これが初めてではありません。最初の人口減少が訪れたのは、縄文時代後半。高度な狩猟採集社会は、26万人から8万人に急激な減少を体験します。原因は、気温低下。当時の技術では、食料を確保できなかったと言われています。その後、弥生時代を迎え、海外輸入した稲作技術により食料供給量が向上。奈良時代には500万人に増加します。

二番目の人口減少が訪れたのは、平安時代。700万人をピークに再び減少期に入っていきます。原因は、中央集権国家の形骸化・弱体化と耕地開発のブレーキ。そこに温暖化が加わり、未来に失望するムードとともに人口停滞を招いていったと言われます。再び増加に転じるのは室町時代。貨幣経済、農業技術、家族経営が功奏し、江戸後半に入る頃には3200万人を抱えるようになります。

三番目の人口停滞は、江戸後期。原因は「少子化」。5人に4人という子供の高い死亡率。鎖国の日本では、食料もエネルギーも完全に自給で、3200万人が許容最大人口だったと考えられています。加えて自然災害や環境思考が、無意識に子孫を増やすブレーキの原因とも言われています。

そして今、私たちは、2005年から始まった、四番目の人口減少を経験しているのです。（参照『人口から読む日本の歴史』鬼頭宏著　講談社学術文庫）

日本の人口変動（人口増加・人口減少）の要因とパターン

技術革新	社会制度	食料・エネルギー供給	気候変動	将来期待	→	人口増減
停滞	制度疲労	停滞 （格差大）	急激	悲観	→	人口減少
導入	制度刷新	増大 （均衡大）	安定	楽観	→	人口増加

こうして日本の人口減少パターンを見つめてくると、技術革新の停滞と社会体

制の制度疲労による食料・エネルギー供給の停滞、それに加えて、将来への悲観に、気候変動などの環境要因が追い打ちをかけているように見えてきます。

「悲観主義は気分によるものであり、楽観主義は意志によるものである」と語ったのは、フランスの哲学者で『幸福論』を書いたアランの言葉です。

今、四度目の人口減少を迎えた私たちは、新たな文明システムへの転換と、将来への楽観的意志を、人口から促されているのかもしれません。次の世代を産み育てることに、無意識にアクセルが踏める未来。それは、新たな「社会のあり方」、新たな「個人のあり方」の始まりでもあります。

高齢者は、若者の肩の上に乗りたい?

人口増減の歴史を見つめた次は、時間を進め未来の人口構成の変化から、社会構造の質的転換の核心を見つめましょう。よくいう少子高齢化の未来の変化です。

多くの高齢者の人口を、少ない若年層の人口で支える形を、「胴あげ型」、「騎馬戦型」「肩車型」になぞられて語られることもあります。1965年当時が、65歳以上1人に対して、20〜64歳が9.1人で支える「胴あげ型」だとしたら、2012年が、65歳以上1人に対して、20〜64歳が2.4人で支える「騎馬戦型」、2050年が、65歳以上1人に対して、20〜64歳が1.2人で支える(推計)「肩車型」これまでは、三人の若者で、一人の高齢者を担ぎ戦う従来の「騎馬戦型」から、これからは、一人の若者で、一人の高齢者を担ぎ戦う「肩車型」に変容する。そこでは、若者の負担が大きく、素早い変化や筋力が不可欠な騎馬戦の試合ならば、あっという間にライバルに帽子を取られてしまう。そんな社会構造の変化が語られています。

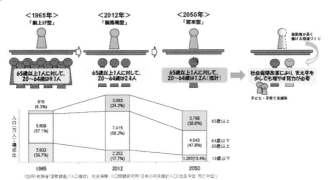

出所　総務省「国勢調査」「人口推計」。社会保障・人口問題研究所「日本の将来推計人口(出生中位・死亡中位) https://www.mof.go.jp/comprehensive_reform/gaiyou/02.htm

少子高齢化が進み、人口構成上、生産年齢人口（15歳以上65歳未満）に対するそれ以外の従属人口（年少人口と老年人口の合計）の割合が高まる時期を「**人口オーナス期**」いいます。オーナス（onus）とは、英語で「重荷、負担」の意味。この時期は、生産年齢人口の急減と高齢人口の急増が同時に進行し、人口構成の変化が経済発展にとって重荷になることから**人口オーナス期**と呼ばれます。

重荷、負担……しかし、そのまなざしは、正しいのでしょうか？　そもそも、今の65歳以上の高齢者は、若者の肩の上に乗りたいのでしょうか？

今の高齢者の「通常歩行速度」研究では、2002年の高齢者は1992年の高齢者よりも"約10歳程度"若返っているといいます。例えば、今75歳の高齢者は昔の65歳と同じ身体能力を有しているということです。スポーツ庁が実施している「体力・運動能力調査」でも、今の高齢者の若返りの状況が確認できます。65〜79歳までの高齢者（男女）について、「握力」「上体起こし」「長座体前屈」「開眼片足立ち」「10ｍ障害物歩行」「6分間歩行」の総合成績を示す合計点の年次推移をみても、男女ともにどの年齢層でも毎年ほぼ結果が上昇してきているのです。

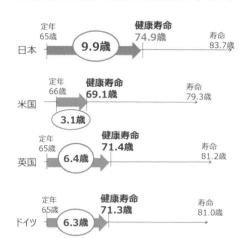

出所　経済産業省　次官・若手プロジェクト
www.meti.go.jp/committee/summary/eic0009/pdf/020_02_00.pdf

高齢化した人間が役に立たないというのは、工業化社会の画一的なフレームで見つめた、わずかここ200年足らずの観念です。現代のような情報化社会は、単なる情報処理を超え、感性や知性といった高度な情報編集の経験や知恵が必要となります。

　さらに。100歳100m8秒！　ロボットスーツを装着したおじいちゃん・おばあちゃんが、ボルト選手クラスのトップアスリートを100m決勝で抜き去る。そんなオリンピックの決勝が、あと十年後に訪れるかもしれません。テクノロジーと人間の共進化によって、そんな人機一体の世界が、日進月歩で現実化してゆきます。既に、山海教授が率いるサイバーダイン社のロボットスーツ『HAL』は、「人」「機械」「情報」を融合させ、身体機能を改善・補助・拡張・再生する具体的な事例を数多く見せてくれています。

　ヒトと機械とデータの融合の第4次産業革命の社会は、"子供のような老人（賢人）"がたくさんいる社会。三浦雄一郎さんのような、人生をイキイキと歩む方がたくさん輝く社会です。

　つまり、本来の意味での「長寿」社会の到来を迎えていくのです。長生きすることを寿ぐ（言祝ぐ）長寿社会が、これからの日本の「はたらく未来」なのではないでしょうか。

Economy
サービス経済化・モノからコト（意味の時代）

サービス経済化する「未来のはたらく」

第4次産業革命による技術革新とともに、「未来のはたらく」を考える時、どうしても避けられない質的な変化。三つ目は、Economy（経済構造）の変化です。その変化を一言で表すなら、「サービス経済化」＊です。

＊サービス経済化とは、一般的に経済発展に伴って経済活動の重点が農林水産業（第一次産業）から製造業（第二次産業）、非製造業（サービス業, 第三次産業）へと移る現象で「ペティ＝クラークの法則」として知られている。

いまや日本のGDPに占める広義のサービス産業の割合は、約75％（2014年で360兆円）を超え、今も拡大中です。サービス産業に従事する人も増えています。運輸、卸売、小売、宿泊、飲食サービス、医療、福祉などの産業だけで2016年時点の従業者割合は約55％と過半数を占めています（総務省統計局労働力調査）。

サービス経済化は、これまでの業種や業界の概念も融解してゆきます。例えば、昨今、次世代モビリティ戦略を加速している自動車業界は、Maas（Mobility as a service）という概念で、製造業である「車作り」を超え「移動サービス」を提供する超製造業への転換をはかっています。同じく、建設業や不動産業も、スマートシティー・デザインや、不動産の資産価値の管理（プロパティー・マネジメント）まで事業領域を広げる超建設業・超不動産業としての動きを加速しています。全てがXaas（X as a service）化する。全てがサービス業化する時代なのです。

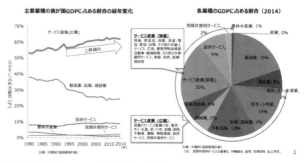

出所 経済産業省商務情報政策局 サービス産業の海外展開の 現状・課題・取り組み
https://www.eduport.mext.go.jp/pdf/programs/committee/20160920_shiryo_2_keisansho.pdf

「モノ作り」から「コト作り」、そして「意味創り」へ

　サービス経済には、3つの特徴があります。

　一つは、【無形性】。飲食店やホテルなどの接客業を思い浮かべればわかるように、料理や施設などの有形のもの以上に、接客やおもてなしなどの目に見えない価値が力を持つということです。先述したように、こうした流れはメーカーにも広がっています。例えば、Apple 社が iphone + itune で仕掛けた新たな競争のルールは、目に見えるハードウエアの機能的品質以上に、目に見えないユーザー体験という新たな経済圏を作りました。

　もう一つが、【同時同場性】。ハードウエアと違い、サービス品質の善し悪しは、欲しいタイミングで、その場で価値交換されることで決まります。実際、深夜の介護職員の丁寧なおむつ交換、販売員の店舗での機転の効いたおもてなしといった現場でのサービス品質は、サービスを受ける顧客にとっては、たった1分の差でも、ちょっとした声かけのあるなしでも大きな価値の差となって現れます。当然ですが、おもてなしは、ものづくりのように前もってストックすることはできません。

　そして最後が、【新規性・中小企業性】です。市場の歴史が浅く、プレーヤーの規模が小さく、適正な単価や体系的な人材育成が未整備なことが課題です。一方で、Airbnb、Uber など、近年のスマホアプリやシェアリングサービスを見るまでもなく、これからのサービス業は新しい市場が多く、牽引する企業もベンチャーや個人の起業家など、小規模のプレーヤーが多いのです。全てのサービスがスマート化してゆく時代で、大きな新規参入の余地が見込まれています。

　「モノ作り」から「コト作り」、そして、「意味創り」へ。サービス経済化のもう一つのキーワードです。そしてこれは、今の働き方改革・生産性向上の死角をよく示しています。そもそも生産性の向上は、仕事に費やす時間（＝分母）を減らす効率化・無駄の削減だけでなく、顧客の認知上の価値、仕事で得られる成果（＝分子）を増やし、新しい付加価値を生み出すことにあります。

　しかし、今の働き方改革は、仕事に費やす時間（＝分母）の削減（特に、大企業のホワイトカラーの長時間残業削減活動やリモートワークの推進）に眼目が行きがちです。もちろん、子育てや介護世代、シニア世代のさらなる職場参加、生涯活躍のためには、無駄な長時間労働（＝分母）は削減すべきですが、接客対応

やシフト勤務の制約がある多くのサービス業では、それだけでは、顧客にとっての「コト作り」「意味創り」には繋がりません。やはり、一人一人の才能が開花するための柔軟な仕事の配置や役割の設定(アサインメント革命)や、ICTの活用や学習する組織運営、専門能力の向上(プロフェッショナル能力の向上)による、顧客にとっての付加価値向上(分子)が欠かせません。

供給者の効率性だけでなく、需要者の目に見えない体験価値や意味に、その時その場で寄り添う。「コト作り」、「意味創り」。その新たな「スマート・サービス経済化」の時代がやってきます。スマホ革命が、人々の新たな習慣を創り、シェアリングサービスやユーチューバーなど、新たな産業や職業を生んだように、サービス経済社会は、多様な「意味創り」に参加し、新たな物語を創る人々が活躍する。そんな無限の可能性に溢れてゆく社会になるのではないでしょうか。

AIによるゲームのルールチェンジ

働く個人が深く問われるのが、仕事の代替の脅威ではなく、仕事の再定義だとしたら、同様に、産業や企業が深く問われるのが、経済の競争優位の源泉の変容、ゲームのルールチェンジです。

第4次産業革命の革新的なテクノロジー(モバイル・インターネット、AI、ロボティクス、VR/AR……)の中でも、人間の認知・判断・創造といった人間の知能を代替できるようになってきたAIは、ディープラーニングという「目」の持ったことで、産業界に大きなパラダイムシフトを起こすと考えられています。東京大学大学院特任准教授・松尾豊氏によれば、生物が「目」を持ったことでカンブリア紀に爆発的に増えたように、今後、商品やサービスに爆発的な進化が予見されています。

「We will move from mobile first to an AI first world.」(モバイルファーストからAIファーストへ)。GoogleのCEO Sundar Pichai氏が、2016年4月の「This year's Founders' Letter」で語った言葉は、今後の産業のパラダイムシフトとともに、AIの時代の到来を全世界に印象付けました。

そうした中で、いま、産業界でも、明らかなゲームのルールチェンジが起こりつつあります。世界の時価総額ランキングでも、Apple、Alphabet(Google)、Microsoft、Facebook、Amazonと、AIをテコにビジネスを展開している企業が、

旧来型の利益額の高い大企業を差し置いて、上位に連ねています。

これからの世界をリードするための未来の経営資源は、「ヒト・モノ・カネ」ではなく、「ヒト・データ・キカイ」だと言われています。そうしたデータを物語にする編集力に加え、さらに、iphone 革命を実現したスティーブ・ジョブズや、EV 革命を牽引するイーロン・マスクのように、人々を高き目標に引き上げ現実を引き寄せるタレント人材に期待がかかっているのです。ある意味、未来の経営資源は、妄想力と創造力を磨き続ける「ヒト・データ・キタイ（期待）」に移行していると言ってもいいのではないでしょうか。

第4次産業革命は、富を生むメカニズム、ゲームのルールの質的変容をもたらします。それとともに、すべての産業、企業、そして、働く人々に「夢を形にする力」を求めるのです。

「夢を形にする力」「物語の力」「意味の時代」の到来です。

サービス経済化、AIで変容するゲームのルール

	経済主体	経営資源	富を生み出すもの	活躍する力
いままで	工業	ヒト・モノ・カネ	規模と効率	計画を遵守する力
これから	サービス	ヒト・データ・キタイ	妄想と創造	夢を形にする力（物語力）

Politics
管理統制から自己組織化
（共生の時代）

共感経済の「未来のはたらく」

「未来のはたらく」の質的な変化。最後の四つ目は、Politics（統制、組織構造）の変化です。その変化を一言で表すなら、「共感組織化」です。

　もっとも象徴的なのは、前出のリーナス・トーバルズさんが生んだ、Linux（リナックス）のオープンソース・ソフトウェアプロジェクトではないでしょうか。彼が学生時代に趣味で始めた活動に、世界中のプログラマーが共感し、ほぼ無給で開発した Linux は、今や世界中のソフトウエアを動かすようになりました。現在、100以上の企業に所属する 3,900 名以上の開発者が、日夜、膨大なコードを生成し、Linux を構築しているそうです（参考 Linux 財団）。

　驚くのは、開発の広さや規模だけでなく、その開発スピードです。コードは1日に1万 800 行書き加えられ、5,300 行削除され、1,875 行修正されており、実に1時間に8回も更新されているのです。1企業、1組織でこれほど高速な開発を行なうことは不可能です。

　さらに驚くべきは、この組織には、企業体のような大きな管理統制機構はないことです。では何故、ここまで多くの優秀な人材が、ボランタリーにこの組織に貢献するのでしょうか？

　私が私淑する多摩大学大学院教授の田坂広志先生からは、『アントレ』のインタビューで、これからの資本主義について、従来型の「貨幣経済」を超えた新たな経済が誕生するとして、次のように教えていただきました。

これからは、「知識資本」「関係資本」「信頼資本」「評判資本」「文化資本」そして、5つの資本を貫く「共感資本」という、目に見えない資本が重要になる

　目に見えない資本の時代。共感資本の時代。それは、人間同士が共感で繋がった新たな組織が誕生する時代とも言えます。
　そもそもかつて日本には、カセギ（金銭的な稼ぎ）とツトメ（公共的な務め）の両方ができて一人前、という労働観・共同体の概念がありました。祭りの会や

火の用心のような防災青年団など、近隣の共同体への「お互い様の助け合い」が勝手に自己組織化される底流に、共同体と共に生きている運命共同体という、目に見えない共生（ともいき）の実感が息づいていたのです。

自己組織化の新たな組織

「世界最高のデザイン集団」とうたわれる IDEO を率いる CEO ティム・ブラウン氏にインタビューをする機会に恵まれました。こちらも、田坂先生のご紹介で機会をいただいたものです。IDEO は、プラダやペプシ、アップルといった世界的企業のプロジェクトを成功に導き、また、発展途上国の社会問題の解決など、ソーシャル・イノベーションの分野でも注目を集めている企業です。彼らが実践する"目に見えないもの"まで対象とする「人間中心のデザイン思考」の可能性について、ティム氏は次のように、語ってくれました。

> この 100 年の間、世界は工業化し、消費へ消費へと進んできました。デザインの目的も、いかに商品を魅力的に見せて消費してもらうかが重要でした。しかし時代は変わり、工業先進国においては これからどうやって消費者に参加してもらうかがテーマなのです。
> さらに、企業の CEO の方々からは、製品、サービスはもちろん、会社のイノベーションも手伝ってほしいと言われました。組織自体が自分たちでイノベーションし、よりクリエイティブな力をつけられるようにするということです。

共同体の使命に共感した人々が、貨幣の多寡にかかわらず、地理を超えてゆるやかに繋がり、自律分散型で組織を運営し新たなコト作りや意味創りをしていく。中央で強い統制権を持たずに、明確な目的や使命の元に、場のルールや環境、組織文化をデザインすることで、その場を生命体のように繁栄させる。

こうした新たな共感型組織は、Linux や TED や Wikipedia のような NPO 的な組織だけでなく、ザッポスのような企業体や、airbnb や Uber などのシェアリングサービスを共同利用する参加者同士にも広がりつつあります。

近年、世界で注目される自己組織化する次世代型組織、Teal 組織の出現もその象徴でしょう。Teal 型組織の研究の国内第一人者の一人で知人の嘉村賢州さん（NPO 法人場とつながりラボ home's vi 代表理事）は、Teal 組織を前進させる３つのブレイクスルーを紹介されています。

1 自主経営（Self-management）
　人体や鳥の群れや森林のように、上司やリーダーが不在でも、環境の変化に対して、階層的な誰かの指示を待たず、適切なメンバーと連携しながら、迅速に対応すること。

2 全体性（Wholeness）
　人間には合理的な側面以外にも感情的な側面、直感的な側面、スピリチュアルな側面もある。期待された自分を超えて、誰もがありのままの自分をさらけ出して、職場に来ることができ、同僚・組織・社会との一体感を持てるような風土や慣行がある。

3 存在目的（Evolutionary Purpose）
　創業者が決めたビジョンやミッション・ステートメントとは違い、組織自体が何のために存在し、将来どの方向に向かうかを組織全体として常に追求し続ける姿勢を持つ。ひとり一人が、湧き上がる自らのエゴやエゴを開示することへの恐れを手なづけ、使命に向き合うことができる。

　社会構造の質的な変化は、私たちが働く「組織のあり方」も、これまでの管理統制の形ではなく、より生命体のような柔らかく、あるがままの姿で、小我を超えた大我なる存在目的に向かって、パラダイムシフトしてゆく様相です。
　ネットワークで世界中の人々がボランタリーにつながる組織。カセギとツトメの両立する労働観。共に生きている運命共同体という共生（ともいき）の実感。生命体のように、しなやかな組織。いま、「未来のはたらく」場は、新しくも懐かしい「すがたとかたち」に変わる転換期を迎えつつあるのです。

CHAPTER 2 変わる労働市場、変わる個人と企業の関係

> 自己とは何かを問うことは、自己を忘れること。
> すべての存在の中に自己を会得すること。
>
> 『道元禅師』立松和平

100年に一度のパラダイムシフトは、知性の時代、長寿の時代、意味の時代、共感・共生の時代を引き寄せます。それは、人がなくてはならない存在感を示し輝く時代でもあります。と同時に、新たな「社会のあり方」、新たな「個人と企業の関係」を再発明する好機でもあります。

この章では、変わる労働市場、変わる個人と企業の関係と題して、これからの「はたらく市場」で何が起こってゆくのか？ 2030年までの近未来の不可逆的な構造的な変化、と同時に、企業にも個人にも突き付けられる命題を見つめます。果たして、企業と個人の関係はどう変わるのか？ 長らく日本に馴染んできた雇用慣行で得たもの、失ったものは何だったのか？ その中から、「未来のはたらく」を引き寄せる、新たな「個人のあり方」、新たな「はたらく」仕立てへのヒントを探ります。

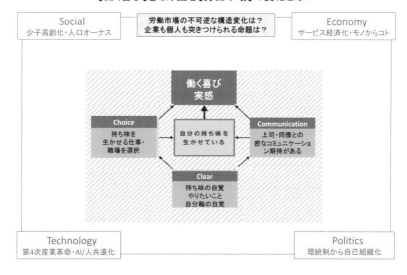

【働く喜び】を取り囲む【労働市場】の変化とは？

日本の労働市場の不可逆な構造変化

　前述したように、今後、日本の人口推移は、ジェットコースターのように"急速減少"していきます。それは、変化のスピードに翻弄され、「上を見上げて焦燥する時代」*から、変化の本質を摑み、「足元を見つめ直して楽しむ時代」への質的転換の機会でもあります。

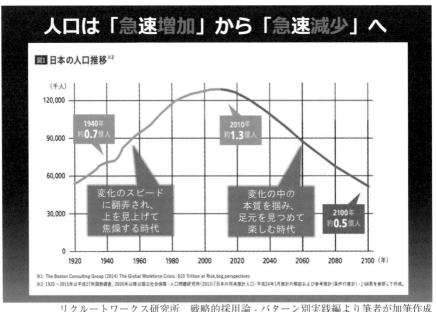

リクルートワークス研究所　戦略的採用論 - パターン別実践編より筆者が加筆作成

　そのためにも、私たちの足元にある「未来のはたらく」構造を概観してみましょう。そこには、不可逆な構造と未来への機会へのメッセージが立ち顕われます。

＊因みに、ここでいう上を見上げての上とは、日本にとっては欧米、企業にとってはシェア上位の同業他社、個人にとっては企業や上司という意味で使っています。逆に、足元とは、国にとっては日本の文化、企業にとっては隠れた資本、個人にとっては隠れた才能の意味で使っています。

第2章 変わる労働市場、変わる個人と企業の関係 43

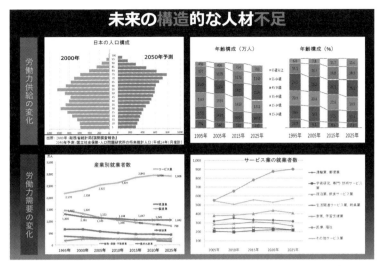

日本の人口構成　出所：2000年：総務省統計局『国政調査報告』
2050年予測：国立社会保障・人口問題研究所の将来推計人口（平成24年1月推計）
他の図は、リクルートワークス研究所　2025年予測より筆者が加筆作成

　ここにあるのは、リクルートワークス研究所が予見した、2025年の想定される社会構造の変化です。結論から言えば、量的にも質的にも働き手が足りない、別の言葉で言えば、**働き手一人ひとりが貴重な存在になる時代**とも言えます。細かく見てみましょう。

　まずは、想定される社会構造変化の中の、労働力供給サイドの変化を見てみましょう。供給サイドの変化の要因は、人口構成の変化、若年層のニート化（無業化）、女性のM字カーブ*の解消、社会保証の減少など、働く人々の数（労働参加数）と率（労働参加率）によって変化します。やはり注目すべきは人口構成の変化で、ピラミッド型から逆ピラミッド型の構造変化です。総じて、若年層の供給量が少なく、シニア層の供給量は多い状態。いわば「少子高齢社会」を創る
「少若高齢供給社会」が、2025年の労働力供給サイドの特徴です。

＊女性の年齢階級別労働力率をグラフ化した曲線。M字は、出産・育児期にあたる30歳代で就業率が落ち込み、子育てが一段落した後に再就職する人が多いことを反映しています。

　一方で、労働力需要サイドの変化を見てみましょう。変化の要因は、今後のGDP成長率や、産業構造の変化、労働生産性の向上などですが、やはり注目すべきは、産業構造の変化です。前述した通り、第4次産業革命の進展（Technology）と、GDP、第三次産業が従業者の約7割を占めるサービス経済化（Economy）。それは、新しいゲームのルールの中で、目に見えない共感を創る

ための、意味を物語に繋げる新たな共感組織力（Politics）が求められる社会です。「モノ作り（製造業）からコト創り・意味創り（サービス業・超製造業）の推進する働き手が欲しい」。これが、2025年の労働力需要サイドの特徴と言えます。

　結果として、2025年の労働力の需給ギャップは、大変、大きなものになります。ワークス研究所の2025年予測では、働き方改革、高齢者就業や転職環境が整わない悲観シナリオでは、2015年と比較して2025年には就業者が557万人も減少してしまいます。ミスマッチが深刻になり、ほとんどの職種で人材不足が起き、さらには失業者も増えます。
http://www.works-i.com/research/2014/2025yosoku/

　いずれにしても、知性の時代、長寿の時代、意味の時代、共感・共生の時代を牽引する、次代を担うリーダーが不足するのです。さらに産業構造の転換で、製造業からサービス業への年齢・業種・職種・規模・地域を超えたキャリアチェンジの可能性が無限に広がる。そんなメッセージが、2025年の労働市場から聞こえてきます。

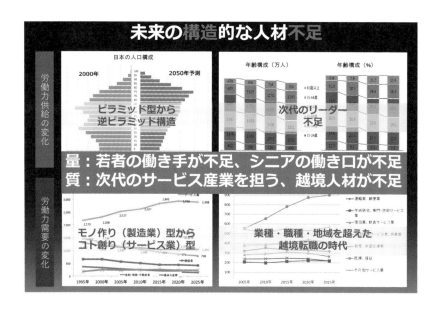

企業寿命20年　職業寿命50年

「未来のはたらく」構造を概観する時、もう一つ、見つめたい質的転換がありま

す。それは、企業と個人の寿命の変化です。

まずは、企業の寿命から。次の図は、企業の平均寿命の推移です。ビジネス環境のスピードが増し、M&Aなど企業の合併・統廃合が拡大する中、企業寿命はますます短くなっているのです。1960年代におよそ60年だった大企業の寿命が現在では20年を切っています。こうした動きは日本でも見られ、日本においては、2015年の倒産企業の平均寿命も24.1年と短いものとなっています。

今後は、第4次産業革命、AI・IoTによる産業競争力の源泉の変化、ゲームのルールチェンジなどの環境変化で、企業寿命はさらに短命化が進んでゆくと思われます。

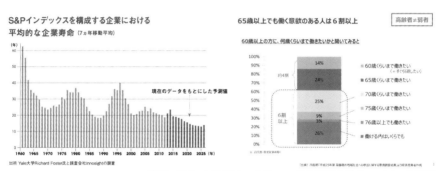

出所：Yale大学Richard Foster氏と調査会社Innosightの調査

一方で、働く個人の寿命、いわゆる職業寿命はどうでしょう？
「高齢者の地域社会への参加に関する意識調査」によれば、6割以上が「65歳を超えて働きたい」、さらに26％の人が「働ける内はいくらでも」と回答しているのです。

現在、日本人の健康な期間を示す健康寿命は、男性70.42歳、女性73.62歳（厚生労働省「健康日本21」）ですが、今後の長寿化と健康寿命の延伸、さらに継続雇用制度の導入、定年の引上げ、定年制の廃止など、多くの企業が65歳以上の雇用促進を進めようとする動きをふまえると、少なくとも70歳まで働きたい人が増えるのがあたり前になって行きます。

20歳すぎで社会に出て70歳まで働く。そうすると職業寿命はおよそ50年になります。

企業寿命と個人の働く寿命の逆転。企業寿命20年、職業寿命50年。それは、一人の働き手が、一生の間に、少なくとも2.5回以上は企業（もしくは事業）を渡り歩くことを意味します。1つの会社で60歳まで勤め上げ引退するキャリ

アは過去のものになり、70歳、さらに生涯現役として働く。長い人生の中では、子育てや介護、学び直しなど、ライフステージに合わせて、働き方と生き方を柔軟に切り替えて働くことが当たり前の時代になるのです。

企業にも個人にも突き付けられる命題

こうして、企業寿命と個人の職業寿命の逆転について見てみましたが、引いて見ると、企業にも個人にも同じ命題を突きつけられていることに気づきます。それは「いかに永遠に輝くか」です。

まるでダイヤモンドのようなテーゼです。

「弊社は、サステナビリティー経営を目指し、積極的なイノベーションを推進します」。

今、多くの企業のホームページやIRレポートには、こうした趣旨の言葉が散見されます。背景にあるのは短命脱却です。デジタル革命による新たなゲームの中で、持続成長をするためには、イノベーションの強化が不可欠である。それが変化の時代の企業の本質的な経営的命題です。

一方、転職された求職者の方々の声には、次のようなものが多くあります。
「生涯現役で活躍したい。そのためにも、子育てや趣味、勉強の時間と上手く両立させ、仕事で新たなキャリアを磨き、いつでも誰かから声がかかるプロフェッショナルでいたい」。

こちらも、働くという意味での短命脱却です。自身のスキルが陳腐化しないためにも、人生のステージに合わせて、新たな自分を発見し、エンプロイアビリティー（雇用を得る力）を磨く。こちらも、変化の時代の個人の本質的な命題です。

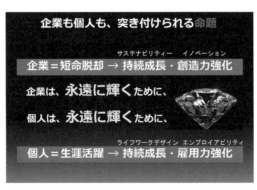

「永遠に輝くため」の「はたらく」仕立て

　変化の時代に輝き続ける。個人の生涯活躍と企業や社会の変革成長が循環する。そのためには、新たな「はたらく仕立て」が必要です。

　これまでの「はたらく仕立て」、いわゆる日本的雇用システムは、人口が増え続ける人口ボーナス期、1970年代の高度経済成長期につくられたものです。順調な市場成長の下、企業は安定成長を、個人は定年退職を享受できた時代でした。

　そうした中、企業は事業も組織体も一律にした経営システムを構築し、個人も働き方や生活を企業に一律に委ねるキャリア形成を実現してきました。「はたらく仕立て」で言えば、【企業主導】【一中心】【束縛】（Uni・form-ism）の時代。「**企業にお任せでいい**」「**みんな同じがいい**」「**一生縛られるほうがいい**」の時代だったとも言えます。

　しかしこれからの「はたらく仕立て」は、高齢人口が急増する人口オーナス期、不確実性が増す時代に適応できる、新たな日本的雇用システムが不可欠です。これまでと正反対に、企業は事業も組織も多様性を包摂した経営システムを再構築し、個人も働き方や生活を自ら主導し、企業と対等に交渉し、信頼の中で紐帯を結ぶ。そんな新たなキャリアを描くチャンスの時代でもあります。

　いわゆる【個人主導】【多中心】【紐帯】（Multi・form-ism）の時代。「**自分で選んだほうがいい**」「**みんな違っていい**」「**（信頼で）繋がっていればいい**」時代とも言えます。

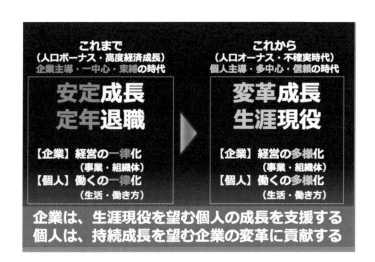

個人は、持続成長を望む企業や社会の変革を貢献し、企業は、生涯現役・多様な生き方を望む個人を支援する。その循環の新たな仕立てこそが、本質的な「働き方」改革の向かうべき道なのだと思います。【企業主導】【一中心】【束縛】（Uni・form-ism）から、【個人主導】【多中心】【紐帯】（Multi・form-ism）へ。変化の中で、遠心力と求心力をどう切り結ぶか。それが試されているのです。

日本型雇用システムで失った「自分」

　変化の時代に個人も企業もダイヤモンドのように輝き続ける。個人の生涯活躍と企業と社会の変革成長が循環する。そのためには、どうしたらよいでしょう？
　未来に進むヒントは、過去にある。ということで、人口ボーナス・高度経済成長時代に、私たちが長らく「働く喜び」を享受してきた「日本型雇用システム」について、見つめたいと思います。
　果たして、そこで「得たもの」「失ってきたもの」は何だったのでしょう。
　ご存知のように、日本型雇用システムの特徴は、新卒一括採用（入口）と年次別賃金・キャリア体系（途中）と定年退職（出口）の企業主導による一律の管理にあります。入社後は、ジョブを特定しないメンバーシップ型の雇用契約によって、働く人が職務でなく企業に属する仕組みです。
　会社の命令に従って、新たな業務や配置転換や転勤を引き受け、残業も拒まず一生懸命やっていれば、失職せずに給与や社会的な信用が保証され、安定した老後を迎えられる。職務、勤務地、勤務時間が無制限。３つの無限定を引き受ける代わりに、定年までの雇用と生活を保障してもらうという、見返り型滅私奉公的な取引が成立していました。

　ある意味で、就職（ジョブ）というより就社（メンバー）。さらに、キャリアの入口から出口まで会社の業務に従うという意味では、メンバーというより、字義の通り「従業員」。まさに「企業にお任せでいい」「みんな同じがいい」「一生縛られるほうがいい」仕組みでした。
　得たものは、「**（会社と一緒ならば）永遠に輝けるという幻想**」とも言えるでしょう。もちろん高度経済成長期は、安定雇用と相互成長の下、実際に輝くことができましたが、今や"永遠に"という誓いの言葉を保証できる企業は、限りなく少なくなっているのではないでしょうか。低収入なのに仕事範囲は無限定で、使い捨ての雰囲気が広がる「名ばかり正社員」や、長期的な保障はないのに無限定の滅私奉公が求められる「ブラック企業」の拡大は、日本型雇用システムの限界と変容のシグナルでもあります。

一方で失ったものは、何でしょうか？
　就職であれ転職であれ、最初は「自分のやりたいこと」を真剣に考えますが、就社・転社した途端、「会社や上司の言われたこと」に従うことが、従業員（メンバー）にとって、（会社で）永く？　輝く戦略に変わってしまう。そしてそれが続くと、次のような喪失が起こりました。

自らの持ち味を発見する主導権は、会社でなく自らにあるという認識の喪失。
自らの持ち味を生かす仕事、職場の選択肢は、多方面にあるという方向感の喪失。
自らの持ち味に期待し合う仲間と、会社を越え広く長く繋がろうとする力の喪失。

　いわゆるキャリアオーナーシップ、ライフワーク・オーナーシップの喪失です。これは働く個人や企業の責任ではなく、高度経済成長時代の日本型雇用システムが生んだ結果でもあります。

自らの人生を自ら切り拓く人々が溢れる時代

　いずれにしてもこれからは、100年に一度の変化の時代。**VUCA**（Volatility（変動）、**Uncertainty**（不確実）、**Complexity**（複雑）、**Ambiguity**（曖昧）の時代です。キャリアオーナーシップ、ライフワーク・オーナーシップを持ち、そしてプロフェッショナリズム、パブリック・マインドに向き合った個人を、企業も求めつつあります。環境変化が速く、事業の栄枯盛衰が激しい今日、企業にとって最も大事な能力は、起業家のように考え、起業家のように動く力です。

「Googleの生徒であり、Teslaの教え子として、あらゆる企業から学ぶことが大事だ」。

　GEイメルト会長兼CEOの箴言（しんげん）です。オープンイノベーションを進め、変革を加速しなければすぐに事業が陳腐化してしまう時代。そこに大企業やベンチャーや個人の区別は薄まってゆきます。実際、著名なユーチューバーやインスタグラマーしかり、SNSの世界を覗けば、大企業をはるかに超える関係資本と共感資本を獲得する個人も多出しています。これからのネットワーク社会では、オーナーシップを持った、かつ、生活者の視点を持った働き手にこそ、企業が繋がりたいと望んでいるのです。

　今や日本型雇用システムの恩恵を受け、終身雇用を全うできる正社員の数も一

部です。しかし、ポジティブに捉えれば、「(会社と一緒ならば) 永遠に輝けるとは限らない」時代は、「(会社に貢献しつつ、かつ、会社に依存せずに) 社会とともに永遠に輝ける」時代です。

　出世は、社内の昇進・昇格の意味で使われていますが、字義の通り、「世に出る」が本来の出世。その意味では、すべての働く人々が、一つの会社に縛られず出世する時代になってゆく、とも言えます。そもそも、雇って用いると書く「雇用」という言葉が含意する「働く人への道具的なまなざし」も、これからの時代には変容を迫られているのかもしれません。

　変化の時代に輝き続ける。個人の生涯活躍と企業や社会の変革成長が循環するには、自らの人生を自ら切り拓く**自律性、選択観、繋がる力**を持つ人々が溢れる社会が不可欠です。企業も、会社に依存しないで会社の変革成長に貢献する、個人のライフワークを支援する。そんな新たな「はたらく」まなざしと仕立てが不可欠なのです。

Column
働く満足度と MPS から見えるキャリアオーナーシップの重要性

　人生を自ら拓く自律性、選択観、繋がる力。いわゆるキャリアオーナーシップ、ライフワーク・オーナーシップの重要性は、働くモチベーションや働く満足度につながっている。そんなことを感じさせる研究があります。

　心理学者J・リチャード・ハックマンと経営学者グレッグ・R・オルダムは、モチベーションを考察する上で、仕事の特性に着目し「職務特性モデル」として理論化しました。彼らは、やる気と満足度（MPS = Motivation Potential Score）と、それに影響を及ぼす仕事の5つの要素を以下のように定式化しました。

$$\underset{(Motivating\ Potential\ Score)}{MPS} = \frac{技能多様性 + タスク完結性 + タスク重要性}{3} \times 自律性 \times フィードバック$$

　各要素の意味は、①技能多様性、②タスク完結性、③タスク重要性、④自律性、⑤フィードバックです。

　働き手は、①求められるスキルの多様さ、②部分ではなく全体を把握、③他者への影響を通じて、仕事の意義を理解し、④自律性の高い仕事の進め方で、結果に対する責任を持つようになり、⑤自身の実践効果への評価により、成果に関する知識を豊かにする。この一連の経験が、やる気と満足度を高めると述べています。逆に、①から⑤の要素がない職場は、働く人々のやる気やオーナーシップを削いでゆく。①スキルが求められず　②全体が見えず　③意義が感じられず　④権限が与えられず　⑤評価が得られず。そうした職場でのキャリアは、「三途（さんず）の川」「五ずの川」なる地獄道にも見えてきます。

　一方で、前出のオープンソース・ソフトウェアプロジェクトLinuxは、まさに①から⑤の全てが満たされる好例でしょう。Linuxに共感・参画する世界中のボランティア・プログラマーには、働く大きな満足度とキャリアオーナーシップの実感が伴っています。

　働く人の実態はどうなっているのか。リクルートワークス研究所では「全国就業実態パネル調査」（2016年）から、45の職種でMPSと仕事満足度の関係を図示しています。MPSと仕事満足度の間には、有意に正の相関がみられます。やはりMPSは仕事満足度につながっているのです。またMPSが高い職種は、専

門職、コンサルタント、管理職。逆に、低い職種には、オペレーター、作業者がプロットされました。また図の直線から乖離する職種は、賃金や時間、仕事の安定性、労働環境などの衛生要因が欠如している可能性がみられました。

いずれにしても、自律性（＝④自律性）、選択観（＝①スキル多様性、②全体把握、③タスク重要性（他者への影響））、期待し合う力（＝⑤フィードバック（自身の実践効果への評価））と、キャリアオーナーシップ、ライフワーク・オーナーシップは、働くモチベーションや働く満足度に密接に連関しているのです。

と同時に、いかにこの５つの要素を、会社を越えた広く長期的な視点で、働く個人が獲得できるか、逆に企業は個人に機会を提供できるか。その多様なアプローチこそが新たな「はたらく」仕立てのヒントになるのです。

図　MPSと仕事満足度の関係

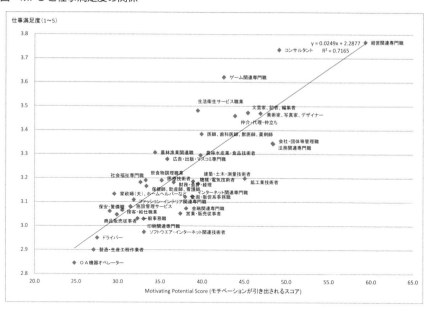

リクルートワークス研究所連載・コラム 全国就業実態パネル調査「日本の働き方を考える」より

「100年キャリア時代の就業システム」

　この章の終わりにリクルートワークス研究所が提案する個人の未来と企業の成長が好循環する仕組みを紹介しましょう。

「100年キャリア時代の就業システム」では、個人の100歳までのキャリア形成と、イノベーションによる企業の成長が、以下のように循環していきます。
　個人は「キャリア自律」と自らの「人的ネットワーク」をもとに、「独立・起業」や「就職・転職」というキャリアトランジションを通じて組織に参画する。組織は、多様で異質な人材や働き方を積極的に取り入れ包摂する「ダイバーシティ＆インクルージョン（D&I）経営」と、高い専門性で企業の競争力に貢献する「プロフェッショナルの活用」により、多様な人材を活用することでイノベーションを持続的に生み出す。そのイノベーションを生み出す過程で、組織は「能力」の開発機会と「賃金」を人材に投資し、対価として分配する。個人はまた、こうして得た能力や収入を支えとして、次の挑戦に踏み出す。

「100年キャリア時代の就業システム」では、個人は組織の壁を越えてキャリアを形成し、企業は多様な人材の可能性を最大限に活かして発展する。そして、企業はその成果を個人に還元する。このような、個人の未来と、組織の発展が、循環していくWin-Win型の就業システムがあってこそ、不確実な環境下で、わたしたちは長きにわたってキャリアを築くことができる。

　まさに個人と企業が、不確実の時代に永く輝き続けるための、100年レンジのまなざしが不可欠なのです。

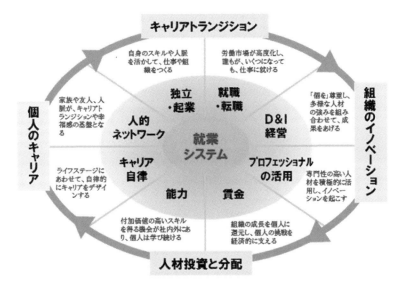

リクルートワークス研究所　100年キャリア時代の就業システム―これからの「働く」と労働政策―より

CHAPTER 3 「働"き"方」から「働"く"方」へ

> 船が難破したとしよう。救命ボートも全てなくなった。
> 見ると、ピアノの上板が流れてくる。
> これがつかまっても十分浮力があるものなら、思いもかけない救命具になる。
> かといって、救命具の最良のデザインがピアノの上板だというわけじゃない
>
> 『宇宙船地球号 操作マニュアル』バックミン・スターフラー

変化の時代に、個人も企業も輝き続ける。そのためには新たな「働く」仕立てが必要です。
子育て、介護世代、シニア世代など、全ての生活者が職場参加・生涯活躍できる仕立て。
次代のコト創りを担う人材が、業種や地域を超え、新たな領域に越境活躍できる仕立て。
キャリア&ライフワーク・オーナーシップを持った個人と企業の成長が循環する仕立て。
転職市場では、そんな「未来のかたち」仕立てがすでに動き始めています。

この章では、未来の風を大きく帆に受けて進むための、「働き方改革」ならぬ【働く方変革】と題して、出現しつつある３つの「未来のかたち」を見つめます。
WHO【働く方変革（方々）】WHAT【働く方変革（方向）】HOW【働く方変革（方法）】
「働く方」の変化の先に、どんな「働く喜び」が立ち現れるのか？ 古い救命具を脱ぎ捨て、前に進む最良のワークウェア・ライフウェアを、具体例とともに見つめていきましょう。

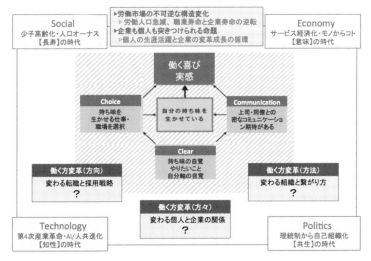

変わる【社会構造】、変わる【労働市場】にフィットする３つの【働く方変革】とは？

「働く喜び」を取り戻すための、三つの【働く方変革】

変化の時代に輝き続ける。個人の生涯活躍と企業や社会の変革成長が循環する。そのために必要「はたらく」仕立てなのが、「働き方改革」ならぬ、三つの【働く方変革】です。

Ⅰ　働く方々、働く人びとの自律という意味での【働く方（方々）変革】。
Ⅱ　働く方向、働く職場の選択肢という意味での【働く方（方向）変革】。
Ⅲ　働く方法、職場との繋がり方という意味での【働く方（方法）変革】。

　三つの【働く方変革】。それは、半ば強制的に全員一律に労働時間を減らし、会社目線の効率化・無駄の削減を行なうだけの、今の働き方改革とは一線を画します。前述したように、これからは、AIと人が共進化する知性の時代、生涯現役を言祝ぐ長寿の時代、目に見えない資本主義が引き寄せる意味の時代、そして、生命体のような共感組織の時代が訪れようとしています。
　自らの人生を自ら切り拓き、自らの持ち味を生かし、仲間と共進し社会に役立つ。そうした自律性、選択観、繋がる力を持つ人々が溢れる。はたらく喜びを実感する人々の輪が広がる。そうした働く個人のライフウェアの変革が、既に転職市場のそこかしこで起こりつつあります。
　働く方々が変わる時、個人と企業の関係はどう変わる？
　働く方向が変わる時、転職活動と採用戦略はどう変わる？
　働く方法が変わる時、会社組織と繋がり方はどう変わる？
　そんな問いを持ちながら、【働く方】の胎動を、代表的な事例とともに見つめていきましょう。

【働く方(方々)変革】
主人公化、従業員から主業員へ

「自分が自分でなくなる前に、体が動いていた」(『アントレ』独立起業家)

「目は目を見ることができない。指は指を指すことができない。誰でも自分のことは案外わからないものだ」(童話作家 H.C. アンデルセン)

「夢の中で蝶になった。果たして、自分が夢の中で蝶になったのか、蝶が夢の中で自分になったのか、判然としない」(胡蝶の夢　荘子)

果たして、自分とは何なのでしょうか？　呼吸やまばたきと同じように、自分には、意識する自分以上に、無意識の自分が隠されています。他者比較や自我拡張といった意識する自分は、狭い自分の代表例でしょう。一方で、「自分とは自然の分身である」とは、禅僧の玄侑宗久さんに教えていただいた言葉です。あるがままの自分には、融通無碍のしなやかな自分が息づいています。自分は、働き手の前に生活者であり、ライフステージで変わりゆく自由自在の自分でもある。そんな広い自分を感じながら、【働く方(方々)変革】を見つめていきましょう。

＊＊＊＊＊＊＊＊＊＊＊＊＊＊＊＊＊＊＊＊＊＊＊＊＊＊＊＊＊＊＊
【働く方変革】一つ目は、働く方(方々)自身による自律という意味での【働く方(方々)変革】です。キーワードは、**主人公化。従業員から主業員への転換**です。ここでいう主業員は、従業員の対語としての造語で、自らの生業に主体的に生きるという意味で使っています。この【働く方(方々)変革】は、「自らの持ち味、隠れた持ち味を発見し発露する機会は、会社でなく自らにある」という認識の復権でもあります。働く方(方々)変革は、働く喜びを構成する3Cの中のClear（持ち味の自覚や、やりたいこと、自分軸の自覚）という点でも、人には「かけがえのない個性」と「未だ見ぬ個性」が息づいているという認識においても、大変重要な変革です。

前述したように、企業寿命と職業寿命の逆転で、**(会社と一緒ならば)永遠に輝けるとは限らない時代、逆に(会社に貢献しつつ、かつ会社に依存せず)社会とともに永遠に輝ける時代**が到来しつつあります。日本型雇用システムの中で、自らの生業を会社に全て依拠してきた働き手は、いよいよ自らの人生を自ら切り拓き、世の中に貢献しようとするキャリアオーナーシップ・ライフオーナーシッ

プの復権に向け動き出す時代がおとずれています。

　利己的な自律ではなく、会社に依存せずに一方で会社に貢献するという生き方・働き方。それは、「かせぎ」（貨幣交換的労働）と「つとめ」（公共貢献的労働）ができて一人前、と言われた江戸時代の「はたらく」価値観の復権でもあります。前述したLinuxのボランタリーコミュニティーは、まさに現代版の「かせぎ」と「つとめ」ですし、何よりも、ソーシャルグッド（社会改善）のために働きたいというプロフェッショナルも多出しています。

　仕事、家族、趣味、健康、学び、複業、ボランティア。多重な自分を発露し、新たな自分を拓く。働く一人ひとりが、人生の主人公になる「生き方変革」。会社に従う「従業員」から、自らの生業(なりわい)に生きる「主業員」へ。そこでは、労働者を使用する「労使」という道具的な概念や、Human Resource（人的資源）という物質的な観念も、変容してゆくのではないでしょうか。企業も「そうした働き手にこそ、活躍して欲しい」と、権限移譲や自律支援をおこないつつあります。さらに、採用の先にある生涯活躍に主眼を置いて、業務内容とスキルのすり合わせ（ジョブ・マッチング）だけでなく、ライフステージにおける夢や、育児や介護などの生活上の制約とのすり合わせ（ライフワーク・フィッティング）に動き出しているのです。

【働く方(かた)(方々(かたがた))変革】ケース① ライフスタイルに合わせた働き方

　キャリア＆ライフワーク・オーナーシップの復権。その実現に動く個人と企業が響きあう好例があります。

　リモートワークや短時間勤務、週休3日制の導入など、「時間や場所にとらわれない柔軟な働き方」が日本にも広まりつつあります。採用力強化や離職防止の観点で語られることも多い動きですが、そもそもなぜ柔軟な働き方が必要なのか、根底から考えることも必要なのではないでしょうか。

　オンラインゲームの開発・運営を手掛けるシグナルトークの取り組みは、そのための示唆に富んでいます。少日数勤務や在宅勤務が可能な「FreeWorking制度」に加えて、「時間報酬型」または「成果報酬型」の2つから基本的な働き方を選べるという仕組みです。その背景には、これからの日本で避けては通れない社会的課題があったのです。

浅川博文さん（プログラマー）は、以前に一度、父親の介護のためにシグナルトークを退職した「出戻り社員」です。その頃にも特例として在宅ワークが認められている社員はいましたが、社内で一般的な働き方として認識されているものではなかったと言います。「会社に迷惑をかけたくない」という思いでやむなく離れ、介護と向き合う日々の中で、同社が「FreeWorking制度」を導入したこ

株式会社シグナルトーク　ライフスタイルに合わせた働き方を実現している 小林さん（左）、浅川さん（中央）、花岡さん（右）

とを知りました。就業規則に明文化された制度であれば、堂々と利用できる。在宅でも、自分ならきっと成果を出せる。そんな思いで、復帰を願い出たのだと言います。

　同社にはもう一人、親の介護と向き合った社員がいます。小林文野さん（編集／ディレクター）。24時間家族だけで見守る必要がある介護は、通常の勤務形態では対応しきれないと考えていました。「介護離職をするか、フリーランスになるか」というギリギリの状況の中で、この制度があったために会社に正社員として残ることができた。在宅勤務時には時間の縛りがないため、家族の状況に合わせて自由に勤務時間を決め、介護と仕事を両立してきたそうです。

　長時間労働が常態化する傾向のあるゲーム業界で、「クリエイターの理想郷」というビジョンを目指す同社でも、かつては残業や寝泊まりが当たり前という時代があったと言います。そんな中で「収入よりも自分の時間を優先したい」と考える社員の希望により、在宅勤務を容認。これが前例となり、就業規則に明文化したものが「FreeWorking制度」となったのです。

　その先鞭を付けたのが、花岡大樹さん（ソフトウェアアーキテクト）です。6年前に「在宅勤務へ移行したい」と最初に社長へ提言しました。現在は会社の業務のほかに、個人でもゲームを開発することでライセンス収入を得ており、講演などに呼ばれるケースも多いといいます。

「エンジニアの世界は、日進月歩どころではないスピード感で進化しています。1社・1プロジェクトに向き合うだけではなく、社外などでより多くのものを吸収することもエンジニアとしての成長に必要です。弊社のようにやりたいことに

自由に挑戦でき、それを一切阻害しない会社は、他にはないと思っています」

　花岡さんの出社頻度は週に1、2回程度。リモートでプログラム開発や環境構築などを行なうキーマンです。いつでも会社を辞め、独立できるような人材ですが、シグナルトークの環境は「わざわざ辞める理由がない」と感じられるもの。そうして積極的に外部と接触し、成長した人材が、同社に新たなインプットをもたらしているのです。

　代表取締役の栢孝文さんは次のように語ります。「もともと労働時間が長く、土日出勤も当たり前という会社でしたが、『クリエイターの理想郷を作る』という理念を掲げて社員と議論しながら改革を進めてきました。労働時間が減ると生産性が下がるのでは？という議論がありますが、当社では昨年、過去最高の売上に。自由な制度を作り、社員にとってハッピーな世界を作りながら業績向上を図ることは可能です。全社員が協力してくれていることに感謝したいと思います」。

Column
求人市場の主権は、企業から個人にシフトする〜ライフフィット転職〜

　未曾有の労働人口減少、制約社員*の増加、「働き方改革」の推進。これらを背景に、求人市場の主権は、構造的に企業から個人へシフトしつつあります。入社前の面談シーンでは、求職者が企業に勤務条件を交渉し、入社後もイキイキと活躍するケースが増えてきています。
＊子育てや介護、学び直しなど、働く時間に制約を持つ社員を指しています。

　これまで、企業が提示する「一律の働き方」に適応してきた求職者が、ライフステージやライフワークにフィットした働き方での活躍を念頭に、能動的に、個別の勤務条件を交渉する時代が始まりつつあるのです。実際、入社前の面談シーンや入社後の職場シーンでは、求職者が企業の人事や現場責任者に、勤務条件（勤務地、勤務時間、仕事環境など）をカスタムオーダーしながら活躍するケースが増えてきているのです。

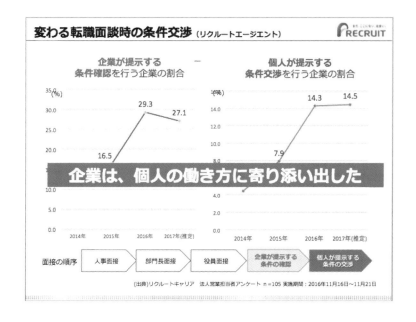

キーワード
企業と対話し、生活にあわせた働き方を実現する
「ライフフィット転職」

未曾有の労働人口減少、制約社員の増加、「働き方改革」の推進。
今、求人市場の主権は、構造的に企業から個人へシフトしつつある。
実際、入社前の面談シーンでは、求職者が企業に勤務条件を交渉し、入社後もイキイキと活躍するケースが増えている。
これまで、企業が提示する「一律の働き方」に適応してきた求職者が、生活と仕事のバランスをとった「多様な働き方」での活躍を念頭に、能動的に、個別の勤務条件を交渉する時代が始まりつつある。

【変化】雇用契約交渉の「今まで」と「これから」

	BEFORE	AFTER
NAME（特徴）	カンパニーマッチ転職	ライフフィット転職
WHO（交渉主）	企業	個人
WHAT（交渉内容）	業務内容、給与	勤務時間、勤務地
HOW（交渉方法）	企業が主導 / 個人が従属	個人が主導 / 企業が支援
RESULT（活躍度）	未活躍、離職	活躍

　一方、支える企業も働く方（個人）に寄り添いだしています。リクルートエージェントの調査では、人事面談、部門長面談、役員面談の後に、入社後に活躍するための条件確認（勤務時間や勤務地など）を行なう企業の割合が、ここ数年で伸びているのです。働く個人が、自分の生活に合わせた働き方を実現する「ライフフィット転職」は今後も増えると予想されています。

　自らの人生を自ら切り拓き、世の中に貢献しようとする個人のキャリア＆ライフワーク・オーナーシップの復権、それを支える企業の胎動。【働く方（方々）変革】は、転職時の対話の中に既に始まっているのです。

変わる転職面談時の条件交渉 （リクルートエージェント）

企業が提示する条件確認を行う企業の割合
- 2014年: 16.5
- 2015年: （中間）
- 2016年: 29.3
- 2017年（推定）: 27.1

個人が提示する条件交渉を行う企業の割合
- 2014年: （低）
- 2015年: 7.9
- 2016年: 14.3
- 2017年（推定）: 14.5

企業は、個人の働き方に寄り添い出した

面接の順序：人事面接 → 部門長面接 → 役員面接 → 企業が提示する条件の確認 → 個人が提示する条件の交渉

(出典)リクルートキャリア　法人営業担当者アンケート n=105 実施期間：2016年11月16日～11月21日

【働く方(方々)変革】ケース② 人を縛らない職場

次は、ワイフワーク・オーナーシップの復権する個人と企業の存在目的が響き合う好例です。

大阪・茨木市にある、えび加工工場「パプアニューギニア海産」。同社で働く約20名のほとんどがパートスタッフという一見何の変哲もない食品工場です。しかしここに所属する人たちの働き方は、まったくもって普通ではありません。

パートスタッフは好きな日、好きな時間に出勤でき、いつでも自由に帰ることができる。会社への事前の連絡は必要なし。いつ、どれくらい休憩を取るかも自由。何一つ縛りがない中、みんな自己判断で会社へやってくる。「今日は雨だから家にいたいな」と思うなら出社しなくてもいい。

「会社や仕事に縛られるストレス」「やらされ感」をなくすために

そんな思いで、同社が「フリースケジュール」と名付けるこの制度が発案されました。スタートしたのは2013年のこと。

株式会社パプアニューギニア海産
工場長を務め、実質的な経営者でもある武藤北斗さん https://next.rikunabi.com/goodaction2017/companies/201701.html

東日本大震災で甚大な被害を受け、石巻から大阪で再出発した同社。しかし当時は、せっかく採用しても人が定着せず、中には2週間ほどで辞めてしまう人も。辞めていく人の不満は会社や他のスタッフに対するものがほとんどで、ささいなことでも争いが起きるような状況だったといいます。

「どんなに良い商品を作り、信念を持っていても、人がどんどん離れていってしまう会社に価値があるのだろうか。大阪にやってきてまで事業を継続しているのに、自分はいったいこの会社で何がしたいんだろうか。そんな悩みを抱えて取り組んだ」と武藤さん。

「自分の生活を中心に、自由に働けるようになったことで、スタッフは周りの人を気にする煩わしさからも解放されていったのだと思います。ストレスなく働けるようになったことで負の感情が起きにくくなり、スタッフ同士が自然と協力し

合うようになりました」。

　同社では、定着率が大幅に向上し、年間のパートスタッフ人件費は約3割減少。メディアに注目されるようになり、過去4年間は求人にコストをかけることなく採用を行なっています。

　2011年に入社した30代女性のパートスタッフの方は、働き方が大きく変わる前からパプアニューギニア海産で働いています。
「2人の子どもを育てながら、家計を支えるために週4日は働くと決めています。夫がサービス業で働いており、平日休みが多いのですが、フリースケジュールが導入されてからはいつでも家族で予定を合わせられるようになりました。常に自分を中心に考えて働くことができるので、良い意味で『他の人のことを考えなくていい』という気楽さがあります」
　2017年に入社した40代のパートスタッフの方は、テレビ番組で初めてその存在を知りました。
「前職は物流関係で、過重労働が続き体力的にも精神的にも限界が来ていました。何とか状況を変えたいという思いで、テレビを見た次の日には応募していましたね。今は週4日、17時まで勤務して、週1日は家の用事をこなしています。前職ではお金を理由にしないとやっていられませんでしたが、今は逆に、お金のことはどうでもよくなりました」

（詳細は、武藤さんの著書にあります。是非、ご覧ください。
『生きる職場 小さなエビ工場の人を縛らない働き方』武藤北斗著　イースト・プレス）

フラットな関係性の"SHOKUBA"の共創に光をあてるプロジェクト 〜 GOOD ACTION 〜

「人材不足」「働き手の多様化」「生活と仕事の垣根の消滅」。いま、働く環境はかつてない変化をとげています。企業と働く個人の関係も、従来の「雇う」「雇われる」という上下関係の中で生まれる働き方では、ともに成長していくことは難しくなっています。これからは、「企業＝働く個人の声に寄り添う」、「働く個人＝企業に自らの働き方を申し出る」というフラットな関係となり、働く個人も主人公として企業とシナジーを生むことができる時代がやってきています。

　働く個人と企業のフラットな関係性による"SHOKUBA"の共創に光をあて表彰することで、同じように悩む企業や一人ひとりの働き手が一歩を踏み出せるようなヒントを提供できれば。そんな思いから、弊社リクルートキャリアでは、2014年より、一人ひとりがイキイキと働くための職場の取り組みに光をあてるプロジェクト **GOOD ACTION**（グッドアクション）を続けています。

　世の中で GOOD な職場・環境・取り組みが、あなたにとって GOOD とは限らない。働く個人が100人いれば、100通りの働き方があり、それぞれの働き方に合った GOOD な取り組みが存在します。そんな中でも、GOOD ACTION では『働くあなたが主人公となり、想いを持って始めた取り組みが、少しずつ周囲の人を巻き込みイキイキと働ける職場の共創へと繋がっていく。

【働く方（方々）変革】は、毎日の職場の中で、動き出しているのです。

https://next.rikunabi.com/goodaction2017/index.html#award

【働く方（方向）変革】
分散化、一中心から多中心へ

「他にも選択肢があったのにと周りから言われますが、私にはこの道しかなかったのです」（『アントレ』独立起業家）

「人生が生きるに値するか否かを判断すること、これこそ哲学の根本原因に答えることである」（アルベール・カミュ）

「選択するということは、すなわち将来と向き合うこと」（コロンビア大学教授　シーナ・アイエンガー）

　私たちの人生は、選択の連続で彩られています。失敗してもゼロリセット可能、返品可能の選択がある一方で、失敗すれば後戻りできない、一回限りの選択があります。選択の一回性。選択の不可逆性。転職が当たり前になった今も、転職の決断は、私たちに期待とともに不安や消耗、代償を迫ります。それでも選択は、人生を切り拓く力になる。そんなことを感じながら、二つ目の【働く方変革】を見つめて見ましょう。

＊＊＊＊＊＊＊＊＊＊＊＊＊＊＊＊＊＊＊＊＊＊＊＊＊＊＊＊＊＊＊

　【働く方変革】二つ目は、働く方向、働く職場の選択肢の広がりの意味での【働く方（方向）変革】です。キーワードは、**分散化。一中心から多中心への転換**です。これは、「自らの持ち味を生かす仕事、職場、ライフワークの選択肢は、多方面にある」という方向感の再認識でもあります。そして、働く方（方向）変革は、働く喜びを構成する３Ｃの中のChoice（持ち味を生かせる、仕事・職場を選択感）の向上という点でも、仕事・職場は、「（自ら）選び（環境に）合わせることができる」という認識においても、大変重要な変革です。

　第１章でも述べたように、第４次産業革命、サービス経済化は、これまでの業種や業界の概念も融解してゆきます。あらゆる業界がデジタル化、サービス業化するXaas（X as a service）の時代。そこでは、これまでの供給者の効率化を高めるモノ作りの力に加えて、需要者の経験値を高める意味創りの力が必要とされます。さらにデジタルテクノロジーの登場によって、富を生み出す力は、会社の規模よりも、夢を描いて形にする力や共感にシフトしていきます。ゲームのルー

ルが変わる。競争力の源泉が変わる。必要なスキルセットが変わる。「未来のはたらく」のパラダイムシフトを受けて、今「はたらく選択肢」は、多方面に急速に広がりつつあります。

転職市場でも、これまで壁と言われた、【業界の壁】、【規模の壁】、【年齢の壁】、【地域の壁】といったかつての採用基準や合否のハードルは、人材獲得競争の中で大きく変容しつつあります。詳細は次章に譲りますが、例えば、AI・IoTのビジネストランスフォーメーションを加速する自動車メーカーや電機メーカーや非製造業の企業では、AI/IoT関連のエンジニアやビジネスプランナーといったタレント人材を巡って、苛烈な争奪戦を繰り広げています。専門職人材では、建築、電機、半導体、ITといった業界で、40歳以上の経験者が転職市場で引く手あまたの様相を呈しています。働く選択肢が多方面に広がり、企業からの「ラブコール」も多方面から届く。今まさに【働く方(方向)革命】が起こっているのです。

【働く方(方向)変革】ケース① 業種の壁を越える異業種転職

業種の壁を飛び越え、異業種への転職を選択することよって、自らの新たな人生を切り拓く好例があります。

※この原稿は、「2017年当時」のインタビューを再掲したものです。

「ドライバーの操作なしにクルマを走らせることができる自動運転技術の開発は、いわばアポロ計画のようなものと感じます。そういう壮大なプロジェクトに関わってみたいという思いから、トヨタ自動車に転職しました」

写真はイメージです　© chombosan – Fotolia

トヨタ自動車の先端技術開発拠点で、自動運転の中核技術であるソフトウェアの研究開発に携わる田中 元さん(35歳・仮名)は語る。

自動車開発の世界ではまさに100年に一度と言われる大変革が起こっている。変革の三大テーマは自動車を内燃機関ではなく電気で走らせる「電動化」、これ

までスタンドアロンであった自動車をネットワークに接続してスマートデバイス化する「コネクティビティ」、そして人間が運転せずとも乗る人の思い通りに、あるいは社会の要請に従って走ることができる「自動運転」である。

　入社したのは半年前だが、すでに自動運転のためのソフトウェア作りで重要な役割を担っている。「今、私が担当しているのは、高速道路限定ではなく、一般道を含めた公道で走らせることができる自動運転車の先行開発です。自動運転にはいろいろな方法がありますが、われわれが目指しているのは道路からの誘導管制なしに、単独で自律走行が可能な自動運転車。

　それを安全に走らせるためにはクルマがまず各種センサーで環境を正しく認識し、どう走らせるかというプランニングを適切に行なえるようにならなければいけません。一般道は高速道路に比べるとスピードは遅いですが、信号がある、歩行者が飛び出してくるなど、環境の複雑性は格段に上。それをクリアするための技術開発に取り組んでいます」

　こう語る田中さん。まるで10年もクルマを作ってきたかのような知見だが、実は転職するまでは、自動車産業との接点はほとんどなかったという。

　海外の大学で機械工学を、帰国後大学院で原子力工学を学ぶ。その後、「作るなら喜んでもらえるものを作りたいと、大手Web企業に就職したのです」

　大手Web企業では、検索エンジンの構築や、Eコマースの推薦システム、ビッグデータ解析に従事。それがある程度カタチになってきたところで、社内で新規事業の立ち上げをやるか、それともまったく別の分野に挑戦するか迷った。そんなとき、登録していた人材情報会社のヘッドハンターから、「トヨタ自動車があなたに興味を持っている」と連絡を受けた。

　「コンサルティング、ビッグデータ関連、ベンチャー企業で企業経営にかかわりながら新規事業を行なうなどの案件をもらっていましたが、トヨタ自動車からの話は、自動運転技術の開発をやってもらいたいというものでした。

　難しさや先進性、社会への影響力、そして何より交通事故ゼロを目指せるなど、アポロ計画に匹敵する壮大なプロジェクト。自分はクルマが好きだし、自動運転の開発を手がける場としても申し分ない。これを機に、そのプロジェクトに参加

してみたいと思ったんです」

「先行開発で日々、いろいろなことを試すのは、子供が遊ぶミニ四駆に似たわくわく感があります。いろいろ部品を交換して、すぐに走らせて何がどう変わるのかを観察するのって、楽しいですよね。そのエキサイティングな感覚を日々の仕事で味わうという感じですよ」

　求められる技術の幅が広いのも魅力だ。情報通信、画像認識を含むセンシング、ロボット工学など、最先端技術がクロスオーバーする分野ゆえ、それらに関連するすべてのスキルが自動運転技術の開発に必要とされているのだ。

「クルマのことを知らないというのはハンディにはなりません。私の場合は前の職場がWeb企業でしたから、ソフトウェア開発がもっぱらのスキル。自動運転で必要なロボット工学については入社してから勉強すればいいかなと思っていました。果たして、センサーとソフトウェアの連係など勉強することはありましたが、一度コンピュータに情報が入ってしまえば処理は同じようにできるので、スキルを上乗せしていけばいいという感じでしたね」

「ソフトウェア開発環境はLinuxOSなので、Linux OSに精通していると役立ちます。また、自動運転ソフトウェアは、高速に演算処理を行なう必要があるのでアルゴリズムやマルチスレッドプログラミングの知識があるといいです」

「まず、自動運転に関する開発予算がおそらく世界で一番多いだろうというのが魅力。また、世界トップクラスの企業であるからか、センサー、カメラ、コンピューティングなどいろいろな分野について、最新の情報が日々入ってきます。良さそうなこと、トライしてみたいことなどのアイデアをどんどんやることができます。

　その最先端に常に触れられることは、エンジニア冥利に尽きます。ぜひいろいろな人に、この開発の楽しさを知ってほしいと思います」

転職決定者データで見る【働く方（方向）変革】：消える業種の壁、高まる異業種転職

　第4次産業革命を迎える日本の転職市場では、転職者が増加の一途を辿ってい

ます（図1）。と同時に、異業種への転職割合も増えています（図2）。弊社「リクルートエージェント」の転職決定者データでは、異業種への転職決定をされた方は、8年前と比べておよそ2.8倍と、同業種転職の伸び率よりも拡大しています。そこには「同業種以外への転職は難しい」といった旧来の「業種の壁」はありません。

「Web企業から自動車会社に転身したITエンジニア」「電機メーカーからwebベンチャーに転身した機械設計技術者」「製薬企業からベンチャーキャピタルに転身した研究者」「銀行から事業会社の事業開発に転身した行員」などなど、業種をまたぐ越境転職の事例は日々、生まれています。

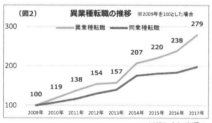

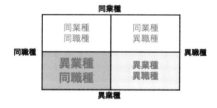

中でも、IT系エンジニアの異業種への転職には、目を見張るものがあります。デジタルテクノロジーによるビジネス変革、いわゆる デジタルトランスフォーメーションを背景に、業種問わず、企業からのIT系エンジニアの引き合いが増加の一途をたどっています（図3）。そうした背景から、異業種に転職するIT系エンジニアが増えているのです（図4）。「Web企業から自動車企業へ」、「電機業界から自動車業界へ」「SIerからコンサルティング業界へ」など、今やIT系エンジニアの働く方向は、多方面で広がっています。

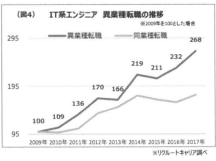

出典:リクルートキャリア「転職求人倍率」　　　　　　　　　　　　　　※リクルートキャリア調べ

【働く方（方向）変革】ケース②年齢の壁・規模の壁を越える転職

年齢の壁、規模の壁を飛び越え、自らの新たな人生を切り拓いた好例があります。60歳で大企業の"安定"を捨て、ベンチャー企業へ転身したケースです。

60歳という節目に、「人生のラストチャレンジとして、自身がワクワクできるような仕事がしたい」と、大企業からの転職を希望する求職者加藤正彦さん（仮名）。転職エージェント（株）エグゼクティブリンクの鈴木大輔さんによる伴走のもと、その希望を叶え、「上場を見据えたベンチャー企業の最高財務責任者（CFO）」としてのスタートを切ったのです。

写真はイメージです　©Boonchai - Fotolia

加藤さんは、新卒で入った大企業の経営企画部、総務部、監査部で様々な功績を残してきたプロフェッショナルです。60歳までの年収は1500万円。前年にグループ会社に異動され、以後も65歳まで約750万円を受け取れることが約束されていましたが、日々の仕事内容は定型業務ばかりになっていたそうです。そこで、一念発起した加藤さんは、「人生のチャレンジとして、自身がワクワクできるような仕事がしたい」と、転職を希望したのだといいます。

加藤さんからのエントリーを受け、実際に会った鈴木氏は、「この方であれば、希望に沿う転職先があるはず」と感じ、伴走していくこととなりました。

鈴木氏が加藤さんに紹介したのが、A社。A社は、主に医療機器の製造を行

なうベンチャー企業。大手企業との資本提携や投資ファンドからの資金調達を行なって、事業をさらに加速しようと、上場に伴うCFOの候補者を独自ルートで集めようとしていました。A社が最初に提示した採用条件は、「財務、経理、監査の経験を持つ方」。

A社にとっては、60歳の方から応募が来るとはイメージしていなかったようですが、鈴木氏は、加藤さんの経歴や具体的なスキル、人柄も含め、薦める理由を説明し、A社への根回しを抜かりなく行ないました。結果、A社も加藤さんのやる気や謙虚さを大いに評価し、採用を決めたのです。

「今回の場合は、大企業からベンチャー企業への転職なので、特に気をつけなくてはなりません。社員数十万人規模の大企業と、100人規模のベンチャー企業とでは、業務オペレーションや、それに対する社員一人ひとりの意識がまったく異なります。ベンチャー企業がこれから上場を目指すなら、監査に耐えうる状態にまでそれらを調整していかなくてはなりません。これは、かなり大変なことなのですが、加藤さん（仮名）はどこまで踏み込むべきなのか。私が加藤さんとA社との間に立って、取り決めをさせていただきました」

また、A社に対しては、年収や業務内容に関する細かな詰めも先回り。年収については、明文化されている「年収450万」以外に、業務目標を達成したら昇給額はどれくらいか、残業代の支給はあるのか、福利厚生面はどうなっているのかなど、細かなところまで確認。また、業務内容についても、役回りやミッション、日々の業務など、社長や役員の方としっかりと詰めを行なって、双方に納得いくように対応をしたとのこと。

加藤さんがA社に入社して、4カ月の月日が経った。現在、A社はいくつかのベンチャーキャピタルから出資を受け、事業を加速し始めています。また、加藤さんはCFOとして、会計士や他の執行役員と連携しながら、上場準備に着手。大企業出身の加藤さんの丁寧な業務の進め方は、A社社員の良い手本となっているそうです。加藤さん自身も、「鈴木さんに出会うまでは、60歳という年齢でチャレンジするのはやはり無謀なのだと、半ば諦めていました。A社に入社させていただいたこと、とても感謝しています」と語っており、充実した様子がうかがえます。

「現在、ミドル層・シニア層の転職市場は全体の3分の1を占めています。今後、ミドル層・シニア層の方を積極的に採用する企業はますます増えていくでしょう。ですから、これまで尽力されてきた60歳以上の方にも、やりたいことにチャレンジしていただきたいなと思います。そうでないと、人生が100歳まであるとし

たら、残りの40年間がもったいないと思います。加藤さんのように、大企業からベンチャー企業に転職し、若い方々と楽しく仕事をする例が、もっと増えることを願っています。また、転職エージェントとして、そのご支援ができたら幸いです。」と、鈴木氏は語る。

転職エージェントを表彰する日本最大級のイベント「GOOD AGENT AWARD」

「GOOD AGENT AWARD」は、リクナビNEXTエージェントNetwork*に提携する全国約430社の中から、優れた転職エージェントを表彰する日本最大級のイベントです。「転職紹介人数といった数値で把握できる実績」ではなく、「どれだけ真剣に、求職者や採用企業のことを考えて貢献をしたか」という質的な評価基準をもとに、有識者による審査で表彰者を決定しています。2017年は、205組にもおよぶ事例の中から、金賞5組、特別賞3組、大賞、オーディエンス賞を選出しました。人生100年時代。職業寿命の長命化で、今後一人ひとりのライフワークプラン、そして、働く選択肢は、ますます多様化していきます。転職前にいかに丁寧に双方の持ち味や希望をフィッティングできるかが、転職後のパフォーマンスや定着に大きな影響を及ぼすことがわかっています。変化の時代、エージェントの重要性は高まっていくのではないでしょうか。

*リクナビNEXTのスカウト会員が対象で、オファーを希望する求職者に対して、提携する全国約430社の転職エージェントのキャリアコンサルタントから、個別に求人情報の案内が受け取れるサービスです。

転職決定者データで見る【働く方(方向)変革】：消える規模の壁
～高まる大手企業 ⇆ ベンチャー企業間転職～

　働く選択肢が広がる「働く方（方向）変革」の二つ目は、働き手の「企業を選ぶ際の企業規模」の変化です。「リクルートエージェント」の転職決定者のデータからは、転職前後で規模の異なる企業への転職者が増加しています（図1）。具体的には、「300人未満企業から1000人以上企業へ」、同様に「5000人以上企業 から300人未満へ」転職する割合が増えているのです。そこには「同規模の企業以外の転職は難しい」といった、旧来の「転職時の企業規模の壁」はありません。

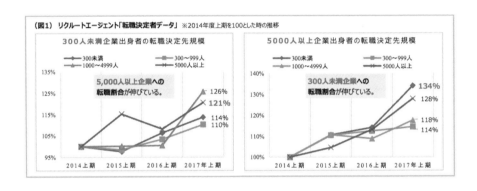

転職決定者データで見る【働く方(方向)変革】：消える年齢の壁
～高まるOver40's転職・35歳転職限界説の消滅～

　働く選択肢が広がる「働く方（方向）変革」三つめは、年齢の壁の崩壊です。ここでの方向は、何歳になっても新たな働く選択肢（方向）が広がっているという意味で使っています。弊社「リクルートエージェント」の転職決定者のデータからは、35歳以上並びに、40歳以上の転職決定者数の伸び率は、35歳未満の伸び率を上回っているのが見て取れます。詳細は、第5章で述べますが、35歳以上の人材が持つ経験やスキルセットが、IT、自動車、半導体、建設などの、事業拡大やイノベーションの加速に、不可欠な競争力の源泉であることが明らかになっています。【脱年齢】【スキルセット重視】【35歳転職限界説の消滅】。ミドル・シニア人材にとって、年齢による経験やスキルの蓄積が、新たな活躍の選択肢を広げられる時代。本来の意味での実力主義の機会が、今、外部労働市場に訪れているのです。

第3章 「働"き"方」から「働"く"方」へ

【働く方（方向）変革】ケース③ 地方の壁を飛び越える転職

地域の壁を飛び越え、自らの新たな人生を切り拓く好例があります。

愛知県から広島県にＩターン転職

大手技術派遣会社で電気設計エンジニアとして約12年。寝食の時間を惜しんで働いてきた齊藤貴志さんは、34歳になった時、ふと不安を覚えたそうです。派遣先は、超大手電機メーカーの大規模開発案件。しかし担当領域は分業され、仕様も既に出来上がった中での開発。全体を見通しながら、自らのアイデアを反映する裁量権がない。加えて、勤務時間も恒常的に長く、休日出勤も多く、時間に制約のない独身生活者でなければ、厳しい働き方だったと言います。

株式会社ジェーイーエル　搬送ロボット開発エンジニア　齊藤貴志さん（36歳）

「このままでは、エンジニアとしてのキャリアも、家族を持つ展望も拓けない」。

そこで一念発起し、転職を決意。2016年1月、広島県とリクルートキャリアが開いたＩターン・Ｕターン希望者向けの合同転職フェアに参加。そこで現在務めるジェーイーエル社と出会い、入社を決意されました。

ジェーイーエル社は、半導体ウェーハ・液晶ガラス基板搬送用のクリーンロ

ボットメーカー。1993年の創業以来、高度な技術とカスタマイズ力を武器に、国内外に2,500社を超える取引を展開するニッチトップ企業です。福山を核に、東京、高知、台湾、韓国、中国、台湾、シンガポールとグローバル・ネットワークを展開・拡大する同社は、自動運転、AI、IoT、ドローンなど、半導体の旺盛な需要増を背景に、搬送ロボット開発エンジニアの中途採用を強化中でした。

齊藤さんは前職経験から、転職先を選ぶ際に二つのポイントを重視していたと言います。「一つは、裁量権があり、スキル向上が望める会社ということ」。

技術領域が、電気設計から制御ソフトウェアやネットワーク技術へと広がるにつれ、最新の技術知識を日々アップデートする必要性を痛感していたそうです。「最新の技術は、技術書を読む程度では身につかず、セミナーや勉強会などの研修機会に加え、実際のアイデアを試せる裁量権のある会社を望んでいました」。

そんな中、齊藤さんは、同社の技術部長との面談を実施。
「技術の詳細について、具体的な対話ができました。会社が今後ソフトウェアを強化するステージにあること。これまでの技術が活かせること。社内外の研修に積極的なこと。社歴に関係なく、新しい技術にも挑戦でき、エンジニアとしてさらなる成長が望めること。イメージが描けました」と振り返ります。

齊藤さんは、入社後も、新しい技術への挑戦の機会は多いと言います。「例えば、現状の電気的なアナログ信号のON/OFFを組み合わせた単一の情報伝達から、前職で培った高速通信技術を応用した"複数の情報伝達が可能＝制御性の向上と複数情報の見える化が可能"となる製品の開発をチームに提案すると、すぐに、やってみよう！と声が上がります。以前なら、説明のために企画書を作り、書き直し、結局試せない。そんな無駄なパワーがいりません」。

顧客との仕様打ち合わせ、構想設計、詳細設計、部品選定、構成表作成、図面作成、概算コスト算出、生産後の立ち上げ及びサービス対応。分業ではなく、全体が見通せる醍醐味と裁量権を元手に、スキル向上を実感できていると言います。

齊藤さんが、転職先を選ぶ際に重視したポイント。もう一つは、「働き手の生活への重点を置いている会社」でした。

前職のような仕事漬けの働き方では、かえって仕事へのアイデアも枯渇してゆく。今度は、仕事も趣味も将来の人生も、充実したものにしたいと。実家が福岡である齊藤さんの希望勤務地の優先順位は、福岡、九州全域、広島、大阪、兵庫、

愛知の順。西日本ターンを幅広いエリアで検討していたそうです。

　そんな中、ジェーイーエル社の社員のライフ重視へのスタンスに出会います。「残業時間の是正を会社として取り組み、残業平均月30時間であること。転勤なしであること。家族手当があること。将来、家庭を持つ希望が普通に持てること。そんな期待がいだけました」。

　因みに、社名の「ジェーイーエル」は、仕事もプライベートも楽しむ充実した人生を、との想いを込め Job Enjoy Life の頭文字から名付けられたとのこと。

「親のいる福岡にも電車で通えるし、福山は、都会過ぎず田舎過ぎず、愛知よりコンパクトで暮らしやすいです。どこでも住めば都です（笑）。休日は電車で旅をしています。駅前が綺麗なことも気づくほど、心に余裕ができました。以前は、自宅と仕事場の往復で、全く気付きませんでしたから」。

　今、齊藤さんは、まさに Job Enjoy Life を実現しています。

転職決定者データで見る【働く方（方向）変革】：消える地域の壁 〜高まる UI ターン人材への期待〜

　働く選択肢が広がる【働く方（方向）変革】四つ目は、地方転職の壁の変容です。15歳以上の就業者数は、2000年から2015年にかけて東京圏（一都三県）では増加している（＋160万人）のに対し、地方では減少（△228万人）（総務省「労働力調査　基本集計」）と、働き手の東京一極集中の傾向は続いています。一方でリクルートエージェントの転職決定者の居住地のデータからは、東京圏（一都三県）からそれ以外の地域に転職された方の伸び率が、ここ数年で高く推移しています。UI ターン転職の背景はまちまちですが、今や東京圏を離れて、仕事と生活の高次の融合や新たな活躍の場を求めて、地方を目指す人が増える兆しが見え出しています。

　そうした選択肢のなかから選択する【働く方（方向）変革】を後押しする動きも各地で盛んに行なわれています。例えば、広島県では2015年、プロフェッショナルな人材を獲得するための全国初の戦略拠点を庁内に設置し、地元の有力企業や成長企業が全国で優秀な人材採用を強化しています。これまで弊社も協力させていただき5回のセミナーを開き、51名（決定見込を含む）の UI ターン転職をお手伝いしてきました。

　東京、大阪会場で開かれる会場には、UI ターン転職を検討する求職者に対し

て、企業経営者が熱心に経営ビジョンや担ってほしい仕事の醍醐味、生活の利便性について語り対話に臨んでいます。

　そうした企業の熱度の背景には、UIターン人材の活躍への期待があります。リクルートワークス研究所が行なったUIターン人材の業績貢献などを検証した研究結果でも、ＵＩターン人材は、地元定住人材と比べ、企業業績にプラスの価値を与えるポテンシャルを持つことがわかっています。「地元の良さがわかっていなければ、地方では活躍できない」というイメージは幻想であり、ＵＩターンした人材の多くは活躍しているというのが事実なのです。地域の壁を飛び越え、自らの新たな人生を切り拓く動きは、各地の転職イベントの中で始まっています。

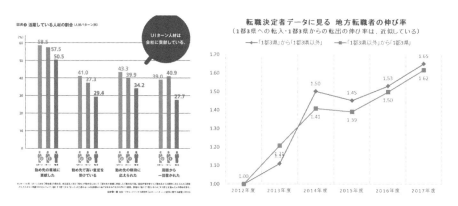

リクルートワークス研究所　UIターン人材活躍のセオリーより

【働く方(方法(ほう))変革】
紐帯化、束縛から信頼へ

「花を支える枝　枝を支える幹　幹を支える根　根は見えねんだなぁ」（相田みつを）

「社会的に強いつながりより弱いつながりの方が、新しく価値の高い情報をもたらしてくれる」（スタンフォード大学教授マーク・S.グラノヴェター）

　へその緒から生まれた私たちは、そもそもつながりの申し子です。いまや地球の裏側まで電網で繋がるグローバルビレッジの住民でもあります。一方で、欲望の資本主義が増殖する社会の網目は、いまや断絶や黙過や孤立など、色々な所でほころびを見せています。経済人類学者カール・ポランニーは「資本主義は、個人を商品化・孤立化させ、社会を分断させる"悪魔の碾き臼"」と警告しました。いま私たちは、「はたらく」根をどう取り戻すのか。そんなことを考えながら、三つ目の【働く方変革】を見つめていきましょう。

【働く方変革】三つ目は、働く方(方法(ほう))、働く職場との新たな繋がり方という意味での**【働く方（方法）変革】**です。キーワードは、**紐帯化。束縛から信頼への転換**。これは、自らの持ち味に期待し信頼してくれる仲間と、会社を越えて深く繋がろうとする力の復活でもあります。そして、働く方（方法）変革は、働く喜びを構成する３Ｃの中のCommunication（仕事仲間との密なコミュニケーション期待がある職場環境）は、社外にもあるという認識においても重要な変革です。

　前述したように、企業寿命の短命化同様、はたらく個人も、スキルの陳腐化の波を受け続けます。人生100年時代を輝くために、人生のステージに合わせて、新たな領域に遊撃し、学び、スキルをアップデートする。新たな自分を発見し、エンプロイアビリティー（雇用を得る力）を磨く。その【働く方（方法）変革】の核になるのが、学・遊・働の同時並行のパラレルキャリアです。これまでのキャリアは、学校で学び、卒業後は、学ばずに働き続け、（会社を超えたキャリア開発はしない）モノカルチャー的単線型のキャリアでした。しかしこれからは、学・遊・働を同時並行で実現しながら、新たな「知識資本」「関係資本」や「共感資本」を磨き、人生を拓ける時代なのです。

複業の時代・百姓の生き方が復権する

　パラレルキャリア、複業といった働き方・生き方をする人が増えてきているのも、その象徴です。会社で培った経験を多重に活かす。マルチプルジョブ・ホルダーとして、会社以外のプロジェクトやNPO活動に参加する。そんなプロフェッショナルが増えているのです。それはまるで、経営資源を多重活用し、オープンイノベーションを推進する企業の姿と重なります。まさに、複業の胎動は、今後、"**個人の法人化**"が進んでいく時代の象徴なのです。個人も企業の多角化と同じように、自らの活躍の場を多元化して、短命脱却し長く輝き続ける時代。そこでは、所得補填だけを目的に時間を切り売りするかつての「副業」の姿はありません。これからは、自らの成長や新たな自分の発露を楽しみながら、会社以外のコミュニティーに参加し、自ら蓄積した経験資源を活用して、新しい紐帯に貢献する"**複業の時代**"が始まるのです。

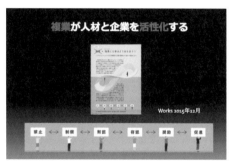

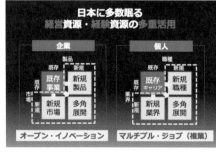
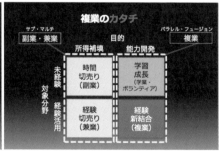

　それは、かつての"百姓"の生き方の復権でもあります。"百姓"は本来「百の姓・百の生業(なりわい)を持つ人」という意味で、田畑の合間に、草鞋を編み、野菜を売り、俳句を読む。僧侶や神主、医者、商人、漁民も営む生き方・働き方をする人でした。そうした多重な自分を発露できる生業とコミュニティーがあることこそ、

新しく懐かしい豊かな生き方のあり方です。

　複業・パラレルワークは、企業に５つの果実をもたらします。１つ目は「成長機会の提供」です。かつてP.F.ドラッカーは、「歴史上、初めて人間のほうが組織より長命になった」と指摘しましたが、複業は企業では満たせない、個人の生涯視点での成長機会を提供します。２つ目は、「生産性の向上」です。時間内で優先順位を付け成果を出すパラレルワーカーの姿は、残業禁止の掛け声よりはるかに実効的です。３つ目は、「課題解決力の涵養」。４つ目は、「リーダーシップの強化」。NPOをはじめ、パラレルワーカーが向き合う他流試合の多くは、課題設定力と試行錯誤の力が成果の命運を握ります。異なる人々と異なるシステムのなかで、真の課題を設定し、トライアンドエラーを推進する。そんな権力に頼らないリーダーシップが鍛えられるのです。５つ目は、「人材求心力の向上」。パラレルワーカーのメディア効果は絶大です。彼らの存在は、採用市場、社内組織双方に企業の多様性や豊穣性を訴求し、優秀な人材を惹き付け、リテンションを高める力となっています。

　成長機会、生産性、課題解決力、リーダーシップ、人材求心力。複業は、まさに人事が渇望してきた果実をもたらすのではないでしょうか。

　ただし、複業がもたらす知見で企業の競争力の扉を開くには、５つの鍵が必要です。最初の鍵は無論、「自主性の担保」。企業の強制的な複業支援はリスクが伴うばかりか、そもそも効用はありません。２番目、３番目の鍵は、「可視化支援」と「表出化支援」。パラレルワーカー全員が社外活動を上長に包み隠さず公開し、企業は彼らの社外活動を公認し、社内に表出する機会を設ける企業も出てきています。４番目の鍵は、「新結合の支援」。社内外の知見を結合し、新たな価値を生み出す枠組み。まずはパラレルワーカーのナレッジ表出と交流支援から始めたいところです。そして最後の鍵は、「紐帯化支援」です。卒業生と互恵関係を結び、誠実な関係資本を紡ぐエンファクトリー（83頁）の思想と実践は、大いなる学びです。

　自主性を持った人材の、社外活動の知見を表出させ、既存事業との新結合で創発を図り、中長期で紐帯する。こうして5つの鍵を見つめると、企業は、パラレルワーカーに対して、従業員としてではなく、1人の起業家として向き合うべきだとも思えてこないでしょうか。

　環境変化が速く、事業の栄枯盛衰が激しい今日、企業にとって最も大事な能力は、起業家のように考え、起業家のように動く力です。前述したように、ネットワーク社会では、法人格も個人格も区別のない人格が問われているのです。そうした新たな境界面に、社内の人材が自らのライフワークを懸けてなだれ込むとき、企業はどう向き合うか？　本業と複業、個人と組織が区別できない表裏一体のメビウスの輪。そこでは、個人と企業が創発し合う信頼と対話の基盤進化が始まっています。

　「終身雇用」から「終身信頼」へ。HRM（Human Resource Management）からHRA（Human Relation Alliance）へ。会社を卒業した後も、一人のプロフェショナルとして繋がり続ける。今、社内の人的資本を超えて、社会関係資本の重要性に気付き始めた人と企業が静かに動き始めています。

【働く方（方法）変革】ケース① 会社を越えて繋がる（複業・終身信頼）

　会社を越えて深く永く活かし合う、個人と企業の新しいつながり方の好例があります。エンファクトリー代表取締役社長の加藤健太さんは、「生きる、活きる力を身につける」をポリシーに、これからの新しい働き方、生き方を提唱・実践するフューチャリストです。そのキーワードは相利共生です。

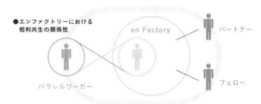

エンファクトリー 代表取締役社長　加藤健太氏　リクルートを経て、All About の創業メンバーとして財務、総務、人事、広報、営業企画など、あらゆる業務を担当。取締役兼 CFO として IPO を果たしたのち、現在のエンファクトリーを分社、代表に就任。

　「専業禁止という言葉は少々エキセントリックですが、当社設立以来の『人材の自立を応援する』という理念を強く表したものです。この先行きが見えない時代において、これからは、働き方や生き方を自分でデザインする力がなければ生き抜いていけません。本気で取り組む複業はその力を育むのに有効だと考え、推進しています」と加藤健太氏は力強く語ります。

　全員が必須というわけではなく、常時、約半数の社員が複業をしている。一時はモチベーションが上がっても、効果の持続性が薄い一般的な研修とは異なり、「社外でビジネスをする」ことは当事者意識、経営者意識を醸成する。実際、同社のパラレルワーカーたちは、総じて目線が上がってくるといいます。「やはり視野が広がるのでしょう。本業だけでは得られない情報や人脈を取り込み、立ち上げから収益を上げるまでビジネスを通観することで、経営というものを捉えられるようになる。皆、しっかりしてきますよ」（加藤さん）

　複業解禁が急速に注目されるようになったここ数年、加藤氏のもとには多くの会社が話を聞きに訪れます。よく挙がるのは、「社員が退職していくのでは？」という懸念。「それは自然なこと。優秀な人材に限って辞めていくという話は、昔からある」としたうえで、加藤さんはこう続けます。「当社では、社員が退職

もしくは独立した後も、協業や情報交換ができるフェロー制度を設けています」。会社をプラットフォームとする相利共生の仕組み。「そもそも、社員が辞めること＝人的資産を失うこと、という発想自体が時代に合っていません」。人に紐づく資本を形式知化して構造資本に変え、誠実な関係性資本に変えていけば、その価値を循環させることはできる。

会社を越えて、会社とつながる。辞めても相互に期待し合う。加藤さんが提唱する相利共生は、「未来のはたらく」を引き寄せる重要なコンセプトだと思います。

【働く方（方法）変革】ケース②
会社を辞めずに繋がる（新しい紐帯での貢献）

会社を越えて、社会と繋がろうとする個人の新しい働き方の好例があります。

大手精密機器メーカーで、経理のプロとして働く喜多健介さん（29歳）は、現在入社7年目。一貫して経理畑を歩んできました。最初の5年は、事業本部全体の損益、原価計算の総括を担当し、現在は、本社の経営統括セクションにて、買収会社のPMIやグループ全体の予算策定、全社プロジェクトに従事しています。

一見、順風満帆のキャリアに見える喜多さんですが、心の中には、ある種の疼きを感じていたそうです。

「常々、今の自分はどんな価値を提供できるのか、社会でどんなインパクトを出せるのか。そんな自らへの問いを持ち合わせていました。社会人2〜3年目頃、業務も一巡した頃から、その想いは少しずつ大きくなっていきました」。

元々、社会に還元できる人間でありたいと思っていた喜多さん。背景には、3歳から小学校まで過ごしたインドネシアでの原体験があります。「同じ歳くらいの子が、ストリートチルドレンとして物乞いをしている様子を、車の中から眺めていたのを鮮明に覚えています。その時は何もできなかった自分も、大人になったら社会課題に向き合って恩返しできるようになりたい、自分の体や知恵を使っ

て、世界に貢献したいとの今の思いに繋がっているのだと思います」。

　そんな喜多さんが、新卒で選んだのが、将来海外で働けるグローバル・トップ企業の同社。しかし、現在は、社内の管理体制を最適化する仕事。世の中での自分の立ち位置が見えにくい感触もあったといいます。

　そんな折、喜多さんは、知人の紹介で、弊社サービスの『サンカク』と出会うことになります。『サンカク』は、会社を辞めずに成長企業の事業課題にアイディアを提供し、事業成長に参画できるサービス。社外で挑戦したい個人と、事業貢献してくれる人材と出会いを欲する企業。そんな新しい出会いの場です。
　働く一人ひとりに、会社の枠を越えて活躍の場を広げる機会を提供したい。そんな理念を掲げる『サンカク』に、喜多さんの想いが重なりました。

「外の世界を知り、実際に手と頭を働かせ協働することで、自分の強み・弱みも見える。それが結果として、自分の社会還元の想いやケーパビリティの向上に資すると思い、是非、他の会社・仕事を体験したいと参画しました」。

　喜多さんは『サンカク』のユーザーとしてだけではなく、『サンカク』に案件を提供する企業と直接やりとりしながら、案件の設計、当日ファシリテーションを担当するサンカクパートナーとして、2つの案件のプロデュースを行ないます。

　1つ目は、急成長クラウド会計ソフトのベンチャーの案件。お題は「中小企業の成長支援のためのアイディア求む！」。当日は、経理のプロや会計士約25人が集合。喜多さんの進行の元、ディスカッション、プレゼンを実施。会計ソフトを通じて獲得できる財務情報を梃子にした飲食店のバリューアップ案など、多様なアイディアが出たそうです。
「経理のヨコの繋がりをつくれたこと。案件企業の期待値を推し量るコミュニケーションの質が大事だと気づけたこと。初のプロデュース体験に、ドキドキ6：ワクワク4でしたが、社内では得られない多くの学びを得ました」

　2つ目にプロデュースしたのは、空きスペースのマッチングで急成長をするベンチャーの重要案件。お題は「法人主催イベントの企画から開催までをプロデュース」。経理一筋の喜多さんにとっては未経験の分野でした。
「本当に提案を引き出せるのか？　当初は企業からも疑問視されていました。事業部責任者、管理本部部長らが立ち会い、相当ハイプレッシャーな状況でした」。

当日は、営業や事業開発の経験者約 20 人が集合。どんな顧客にどんな提案が刺さるのか半日かけて議論する場づくりは、企業の信頼も獲得できたそうです。

「普段、顧客企業の事業責任者と触れる機会はまずないです。そんな中で、未経験分野でも本気で向き合うことで、評価される提案ができたこと。提案を具体化していく中で、"認めてもらっていく感覚"は自信に繋がりました」。

　会社を越え、他の仕事や仲間と真剣につながる経験は、喜多さんの今の仕事や将来のキャリア感に、大きな影響を与えています。
「経理以外のキャリア観も広がりましたし、大きなテーマだけ渡されても解決への筋道を創っていける自信がつきました。本気で腹をくくれば、社内外どちらでも、キャリアの自信につながるのだと、わかった気がします」。

　喜多さんは、この経験を誰に薦めたいかの問いに、こう答えてくれました。
「社外との真剣な繋がりは、自身の映し鏡になる。大きな会社でモヤモヤしている人、自分の隠れた何かに気づきたくて、ウズウズしている人に薦めたい」。

会社を越えて成長企業に参画できるサービス「サンカク」

『サンカク』は、現在所属している会社の枠を越えて、社外の仕事の「体感」「挑戦」ができるディスカッション参加サービスです。一社にとらわれず、自身の活躍の場を広げる機会を提供したい。そんな思いから始まった『サンカク』は、2014年9月にサービスを開始以来、累計35000人のカスタマー、累計300社の企業に利用いただいています。

　個人の職業寿命が長期化するなかで、個人が一生活躍していくためには、一つの企業、一つの職種に留まるだけではなく、自身の活躍の場を広げることが重要だと考えています。

　『サンカク』は個人の活躍の場を広げる手段として、ベンチャー企業の課題に対しビジネスパーソンが会社を辞めずにアイディアを提供する、「スポットディスカッション」、さらに現在保有する経験の有無にかかわらず社外で挑戦できる機会を提供する「社会人のインターンシップ」サービスを提供しています。

　テーマは、例えば「大手自動車メーカーによる次世代モビリティ」や「ベンチャー企業の営業戦略」に関するアイディア出しなど。ユーザーは、サンカクする際には企業の一員になったつもりでテーマに取り組み、自身のアイディアや解決策を提示します。
「いまは営業担当だけどマーケティングに挑戦したい」「この企業のビジネスが面白そう」など興味のあるテーマや企業を体感できます。社内では経験できない仕事や、異業界・異職種で自身のスキルや知識をどれだけ活かせるのか、また不足しているものは何か、キャリアを客観視できる機会としてご利用いただいています。

【働く方変革】の先にある「働く喜び」へ

　これまで見てきたように、転職市場では、個人の生涯活躍と、企業の変革成長が循環するはたらく「未来のかたち」がすでに動き始めています。
　改めて、まとめてこの章を終えたいと思います。

【働く方（方々）変革】働く方々の自律という意味での【働く方変革】
キーワード　　：主人公化。従業員から主業員への転換
変わる認識　　：持ち味を発見しする主導権は会社でなく自らにある
働く喜び効果：Clear　持ち味の自覚や、やりたいこと、自分軸の自覚の向上
Clear の深部　：人にはかけがえのない個性と未だ見ぬ個性が息づいている
出現する未来：ライフオーナーシップを持つ働き手の出現
　　　　　　　　職種マッチングから職場フィッティングへ

【働く方（方向）変革】働く職場の選択肢という意味での【働く方変革】
キーワード　　：分散化。一中心から多中心への転換
変わる認識　　：持ち味を生かす仕事、職場選択肢は、多方面にある
働く喜び効果：Choice　持ち味を生かせる、仕事・職場を選択感の向上
Choice の深部：「（自ら）選び（環境に）合わせる」ができることが大事
出現する未来：転職の壁崩壊（業界、規模、年齢、地方）
　　　　　　　　経営と現場リーダーの採用参画

【働く方（方法）変革】職場との繋がり方という意味での【働く方変革】
キーワード　　：紐帯化。束縛から信頼への転換
変わる認識　　：持ち味に期待し合う仲間と、会社を越えて広く長く繋がる
働く喜び効果：Communication　仲間との密なコミュニケーション期待の向上
Communication の深部：相互期待のカギは、明確に話し、静かに聴く対話にある
出現する未来：会社を辞めずに、会社を超えて繋がる

　【働く方（方々）変革】、【働く方（方向）変革】、【働く方（方法）変革】。
　３つの【働く方変革】は、私たちの「働く喜び」を取り戻す最良のワークウェア・ライフウェアになるでしょう。と同時に、働く方に向き合う企業のあり方もリデザインしていきます。

【働く喜び】を創り出す3つの【働き方変革】～変わる認識・出現する未来～

Social
少子高齢化・人口オーナス
【長寿】の時代

▶労働市場の不可逆な構造変化
　▷労働人口急減、職業寿命と企業寿命の逆転
▶企業も個人も突きつけられる命題
　▷個人の生涯活躍と企業の変革成長の循環

Economy
サービス経済化・モノからコト
【意味】の時代

働く喜び実感

Choice
持ち味を
生かせる仕事・
職場を選択

自分の持ち味を
生かせている

Communication
上司・同僚との
密なコミュニケーショ
ン期待がある

働き方変革(方向)：分散化
▶変わる認識
　▷持ち味を生かす選択肢は、多方面にある
▶出現する未来（変わる転職と採用戦略）
　▷転職の壁崩壊（業界、規模、年齢、地方）
　▷経営と現場リーダーの採用参画

Clear
持ち味の自覚
やりたいこと
自分軸の自覚

働き方変革(方法)：紐帯化
▶変わる認識
　▷持ち味に期待し合う仲間と広く長く繋がる
▶出現する未来（変わる組織と繋がり方）
　▷会社を辞めずに、会社を超えて繋がる
　▷会社を辞めても、会社と繋がり続ける

働き方変革(人)：主人公化
▶変わる認識
　▷持ち味を発見する主導権は自らにある
▶出現する未来（変わる個人と企業の関係）
　・ライフオーナーシップを持つ働き手の出現
　・職種マッチングから職場フィッティングへ

Technology
第4次産業革命・AI/人共進化
【知性】の時代

Politics
管理統制から自己組織化
【共生】の時代

CHAPTER 4 変わる企業の採用戦略

　　　　求む男子。
　　　　至難の旅。僅かな報酬。極寒。暗黒の続く日々。
　　　　絶えざる危険。生還の保証なし。
　　　　ただし、成功の暁には名誉と称讃を得る。
　　　　　　　　　5000人以上の応募者が殺到したと言われる伝説の求人広告
　　　　　　　　　南極探検隊長　アーネスト・シャクルトン

・・・

働く方々が、ライフ・オーナーシップを持ち、自らの持ち味を発露する【働く方（方々）変革】
働く方向が、年齢や業界の壁を超え、多様な方向に働く選択肢が広がる【働く方（方向）変革】
働く方法が、学遊働のパラレルキャリアで、会社を越えて繋がり続ける【働く方（方法）変革】
【働き方変革】は、企業のあり方、人材への向き合い方もリデザインしていきます。

この章では、変わる企業の採用戦略と題して、人材獲得競争が激化する転職市場において、今、企業がどんな危機感とスタンスで、はたらく人々に向き合い始めているかを見つめます。そこでは、経営と現場リーダーが最前線に立ち、未来への対話を実践する姿が立ち現れます。危難を乗り越え名誉を手にする新大陸への旅。そこで人々の心を奮いたたせる鍵とは何か？
そこに日本の「働くよろこび」の輪を広げるヒントが見えてくると思います。

リクルートワークス研究所「戦略的採用論―パターン別実践編」より

新たな次元に突入した人材争奪戦

「えっ!? あの電気機器メーカーにお勤めなんですか！それならぜひ弊社に来ませんか」「六本木で働くみなさま、次は画面の枠を超えたものづくりをしませんか」。

昨年、自動車大手トヨタがITエンジニアをに語りかけた中刷りの求人広告が話題になりました。大手電機メーカー事業所が多く立ち並ぶ南武線沿線の駅、グーグルやアップルの日本法人、メルカリ、バイドゥなど、ITリーディングカンパニーが集積する東京メトロ六本木駅のポスターには、まさにITエンジニアを新大陸に誘うメッセージが息づいていました。

「現在100名のエンジニアを3年後に1000名規模まで拡大することで、日本を代表するテックカンパニーを目指す」。フリマアプリを展開するメルカリは昨年末、社会実装を目的とした研究開発組織「mercari R4D」の設立を発表。シャープや東京大学など6つの機関とIoTやブロックチェーンなどをテーマに共同研究を進めるとアナウンスしました。さらに、スプツニ子！氏、落合陽一氏、村井純氏など、豪華な共同研究パートナーの顔ぶれも話題になりました。このニュースにも、日本中の研究者・エンジニア・ビジネスクリエーターの心を動かす何かが息づいていたように思います。

2015～2025年比較で、557万人も働き手が減少する未来。次代を担うリーダー人材が不足する未来。こうした量質ともに人材が不足する労働市場の未来は、既に求人市場の熾烈な人材獲得競争として現実のものとなっています。今、タレント人材の獲得競争は、業界の垣根を超え、新たな次元に進みつつあります。

次代のリーダー人材1人に4社から6社が殺到

弊社が毎月発表している転職支援サービス『リクルートエージェント』の求人倍率の数値*は、ここ数年右肩上がりで推移しています。ちなみに、17年12月の転職求人倍率（1.92倍）は、前年同月を20カ月連続で上回り、2008年10月の統計公表開始以来最高となるなど、転職活動をする求職者にとっては「売り手市場」、逆に、求人企業にとっては厳しい状況が現れています。

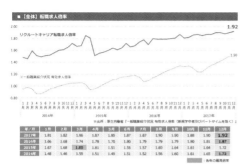

業界	2017年					2018年	
	2月	9月	10月	11月	12月	1月	2月
IT通信業界	2.26	2.20	2.19	2.20	2.20	2.10	2.04
インターネット業界	4.34	4.99	4.94	4.97	5.14	4.81	4.55
電気・電子・機械業界	1.41	1.60	1.60	1.66	1.72	1.69	1.68
化学業界	1.11	1.25	1.25	1.28	1.30	1.25	1.26

リクルートキャリア　転職支援サービス　『リクルートエージェント』転職求人倍率より
＊求職者が活発化し、多少求人倍率が低下する年明け18年2月の転職求人倍率においても、1.80倍と売り手市場は構造的に続いています。職種別にみると前月と比べ求人数は34職種中19職種が増加（うち13職種は過去最高）、登録者数では34職種中29職種が増加（うち24職種は過去最高）。求人数は前比101.3％、前年同比121.7％。登録者数は前比102.4％、前年同比123.2％と、求人企業、求職登録者双方とも活発な活動を行なっています。

　中でも、次代のビジネスをリードする、エンジニアやビジネスクリエーターの争奪戦は激しさを増しています。
　職種別では、ＷＥＢプログラマーなどのネット関連専門職の転職求人倍率が約6倍、あらゆるモノがネットにつながる「IoT」の技術導入などに必要な機械の組込・制御ソフトウエア開発技術者は約5倍、建設関連技術者は約4倍。さらに、業界別では、コンサルティング業界が約6倍、インターネット業界が約5倍と、一人の求職者に対して、4社から6社が取り合う、まさにタレント人材争奪戦（War for talent）が繰り広げられているのです。

人材争奪戦の背景にある経営の危機感

　異次元の人材争奪戦（War for talent）の背景にあるのが、経営の危機感です。90年代、日本の製造業の多くの企業が、数年のうちに撤退・倒産・売却を余儀なくされた苦い歴史があります。スマホで起きた破壊的イノベーションが象徴的です。これまで、薄さ・小型・長時間といったモノの価値は、アプリのオープンプラットフォームが提供され、膨大なアプリをユーザーが自由に選べる体験価値

にシフトしました。技術・サービス・インフラ変化が同時多発で起こり、既存業界では想定もしなかったスピードでスマホ革命が起こったのです。

そして今、「つながる・選べる・自動・持たない・エコ・安全・楽しい」体験価値を加速するコネクテッド・インダストリーは、自動車、工場、公共、小売・流通、農業など、既存の業界に破壊的にイノベーションを迫ります。そこでは、AI、IoT などのソフトウェアやサービス開発の伸びしろが大きく、世界の IT ジャイアントや新規参入のベンチャーといった異業種との熾烈な競争と共創が起こっているのです。

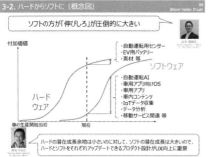

出所　シリコンバレー D-Lab プロジェクト レポート - 経済産業省
http://www.meti.go.jp/press/2017/04/20170404002/20170404002-1.pdf

採用の進化が企業の生死を分ける

苛烈な異業種競争（共創）、逼迫するタレント人材の転職市場の動向を受けて、いま企業は、採用戦略を実務課題から経営課題へ転換しています。これまでは、人材確保は企業の競争力の源泉であるにもかかわらず、採用は経営から切り離され、実務担当者に委ねられていることが少なくないのが現状でした。いわゆ

る「人事任せ」「人事だけに押し付ける状態」だったとも言えます。しかし、「異質な人材を引きつけ、入社後活躍をする」には、小手先の対応を脱し、抜本的な改革が必要です。人事が現場と経営と結節し、戦略的採用を行なうかが待ったなしなのです。

リクルートワークス研究所『戦略的採用論』より抜粋

　リクルートワークス研究所では、『戦略的採用論』を発表しています。採用を単なる募集・選抜プロセスではなく、人材マネジメントの一環として位置づけるのが、戦略的採用のパースペクティブです。戦略的採用では、採用を5つの視点からとらえます。まず戦略的採用では、事業戦略と一貫性のある、募集・選抜プロセスを設計・実行し、採用の成果を把握して次の採用活動に反映していきます（右図の点線囲み）。加えて、給与制度や組織環境といった人材マネジメントとの整合性が必須です。新たなタイプの人材を惹きつけるには、ときに給与制度や入社後の受け入れ態勢なども見直す必要があります。また、採用では、経営層や面接官、リクルーター、アウトソーサーなど、多様な関係者が同じゴールを目指すことも重要です。採用は、社内の育成施策などと違って、最終的には社外のたったひとりの候補者を、関係者一丸となって口説き落とす「多：1」の行為。関係者のコーディネーションは、その重要性を認識している企業とそうでない企業の差が大きい点となっているのです。

タレント×ショート型採用の破壊力

　皆さんは、採用と聞くと、新卒採用か中途採用の分け方を想起するかもしれません。しかし、『戦略的採用論』では、戦略目標との紐づき方によって、採用を2×2の軸で4つに分類しています。縦の軸は、新たな競争優位の源泉を、採用した人材が個人で生み出すのか、集団の一員として生み出すのかの、「Talent」と「Organization」の軸。横の軸は、競争優位を築くまでに見込まれる期間が短

期なのか、長期なのかの「Short-term」と「Long-term」の軸です。それぞれの頭文字をとって、TL採用、TS採用、OL採用、OS採用と呼びます。

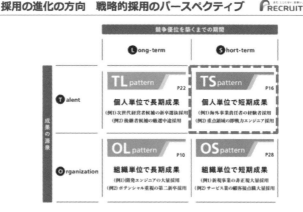

リクルートワークス研究所『戦略的採用論』より抜粋

　採用パターンごとに、戦略的採用の打ち手は異なりますが、ここでは、苛烈な異業種競争（共創）とタレント人材の争奪戦が起きている、TS（＝Talent × Short-term）型の採用（図の右上の象限）にフォーカスをあて、進化する企業の人材採用の変化を見ていきましょう。

　前述したように、第4次産業革命が指数関数的に加速する現在は、技術・サービス・インフラ変化が同時多発で起こり、既存業界では想定もしなかったスピードで革命が起こる時代です。過去のフォーチュン500企業は、時価総額1000億円（いわゆるユニコーン企業）に達するまでに平均20年近くを要しましたが、Googleは8年、Uberは2年、VRヘッドセットのオキュラスリフトは、18カ月で1000億円を突破しています。いずれも競争優位の源泉となるタレント人材の採用によって、短期間で競争優位を築いた企業です。

　自社にいない異能なタレント人材を惹きつけ、あるがままの持ち味を発揮し活躍してもらう。そうした企業のスタンスこそ、多様化する人の可能性を活かし切る企業への方途なのです。

『戦略的採用論』にみる採用の成否を分けるクリティカルポイント（TS 型）

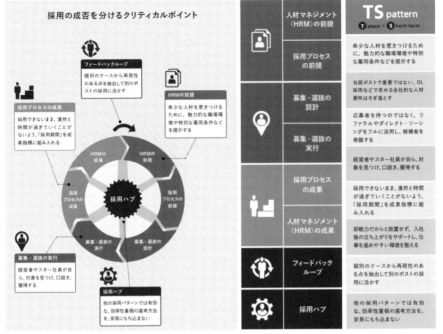

リクルートワークス研究所『戦略的採用論』より抜粋

経営トップの新大陸への情熱

「日本進出に際して、あなたの才能と情熱がどうしても欲しい。是非、一緒に戦う仲間として参加してほしい」。

　話は今から約 20 年前の TECH B-ing 編集部。ある朝、一本の電話がかかってきました。実は、あの Amazon の CEO からの電話でした。当時の Amazon は、世界最大のオンライン書店として快進撃中。英国、ドイツ、フランスに続く 4 番目の海外拠点となる Amazon.co.jp の開設準備中でした。ただし残念ながら、彼の連絡先は私の隣席にいた友人宛。友人は、そんな趣旨のメッセージを受け取り、深く心震わせました。結果、友人は他の事情で転職はしませんでしたが、その時思ったのは、友人の才能の凄さと、経営トップの人材採用へのコミットメントの強さでした。世界の CEO は、ここまでやるんだと。

　TS（＝Talent × Short-term）型の採用を成功に導く。稀少かつ重要なタレント人材を採用する。そのキーワードが、「経営層と現場リーダーの本気の採用参

加」なのです。

　採用戦略への経営的な関与の代表例は、拠点開設でしょう。象徴的なのは、大手自動車メーカーや大手電機メーカーや Web サービス企業、AI 人材などタレント人材の集積地（人材プール）に企業側が近づくため、シリコンバレー、日本橋、中目黒、赤坂などに、新会社や新たな研究・開発拠点を開設する動きです。

　さらに雇用特区を作り、旧来の年功型・年次管理型の賃金・評価システムと切り離し、旧来にとらわれない契約で高い報酬を出す動きや、裁量権を与える動きも急です。グローバル企業の中には、新卒初任給 40 万円と高給を支給する例も出てきました。さらに、人手不足が深刻化しているシリコンバレーやベイエリアでは、中堅エンジニアが 5000 万円で引き抜かれ、AI やディープラーニングの研究者には、10 億円以上のオファーが届くとの話もあります。プロスポーツのアスリート同様、タレント人材の獲得には、特別な雇用条件の提示は欠かせません。

　さらに企業のリブランディングも、経営関与の仕事でしょう。特に IT エンジニアに異業界転職を訴求したいメーカーや事業会社は、従来の重厚長大のもの作りのメーカーのイメージを脱して、IT エンジニアが中心に活躍できる未来の職場や産業の新たなビジョンを訴求しなければなりません。欧米企業では、デジタルマインドをもった人材の獲得に向けて、Talent Acquisition Manager（人材獲得マネジャー、以下 TA マネジャー）というポストが生まれています。自社が採用したいタレントを定義し、採用ブランドを構築し、タレントを惹きつけ、タレント獲得後の活躍をサポートする。それが TA マネジャーのミッションです。

　雇用特区的な拠点開設、特別報酬、権限移譲、リブランディング、TA マネジャーの設置……。変革人材の心の中心地に、経営層が寄り添い心を震わせる動きは、今後も続いていくでしょう。

Column
BOX：IT系エンジニアの賃金動向

IT"以外"の業界からの引き合いも増加、ミドル層の存在感も強まる

　ここではリクルートエージェントにおける転職決定者の情報を用いて「転職時に明確に（1割以上）賃金が増加した転職者の割合」を算出した。当指標は、求職者の視点からは「転職によって賃金が上がる可能性」を示す目安として利用することが可能である。また、外部労働市場において「人材の獲得や離職防止のために、賃金を上げざるを得ないという圧力」がどの程度働いているのか、を示す指標とも言える。下図は、IT系エンジニアにおける当指標の推移である。

　リーマンショック後の2009年度から2011年度にかけて、当指標は大きく改善した。この局面では、IT業界の寄与が高く、年齢層については26歳～35歳の寄与が大半を占めていた。

　その後、2012年度は一旦水準を下げるも、2013年度以降は上昇局面に復した。2013年度から2016年度にかけての局面では、IT業界のみでなく、製造業やコンサルティング業界、技術者派遣業界※といった様々な業界からの引き合いが強まった。また、36歳以上の寄与が比較的大きい点も印象的である。

参考：製造業では、自動運転関連技術の開発が本格化し、組込・制御ソフトウエアエンジニアの求人が増加。コンサルティング業界では、情報技術を有効活用した戦略提案、システム設計・構築案件が増加したことに伴い、特にシステムエンジニアの採用を積極化。技術者派遣業界ではアプリケーションエンジニアや、ネットワーク／サーバー構築・運用技術者のニーズが、より一層高まっている。

※技術者派遣業界は、下図ではサービスに含まれる

経営統括室　髙田悠矢
1985年生まれ。2010年 日本銀行入行。景気動向や金融システムの分析業務に従事したほか、資金循環統計やGDP統計（内閣府出向時）の推計手法設計に携わる。2015年 株式会社リクルートキャリア入社。景気・労働市場動向の分析、中期計画策定などを担当。経営統括室における主務の傍ら、昨年7月より公表している「転職時の賃金変動状況」の企画立案／作成も担う。

自らビジョンを発信しだした現場リーダー・スター社員

「IoTがもたらすビジネスインパクトは、こんなに広がります」
「自動運転技術の現在地は、ここにあります」
「次世代自動車における、通信・情報セキュリティの重要性が高まっています」
「コネクテッドカー分野での取組みは、ここまでできています」
「IoTへの取組みは、エッジコンピューティングが拓きます」
「Mobility IoTのもたらす未来は、こんなに面白くなります」

リクルートエージェント主催　先端技術業界勉強会　　リクルートエージェント　ホームページより

　弊社の転職支援サービス「リクルートエージェント」では、AI/IoT、自動運転、ロボティクス領域をテーマに、エンジニアが先端企業と直接対話できる「業界勉強会」を開催しています。将来のキャリアを検討するにあたっての情報収集や、魅力的な企業との出会いの場として、これまで、自動車メーカーや電機メーカー、先端技術ベンチャーまで、約20社が参画。日曜日にもかかわらず、各社のCTO/CIOやトップエンジニアと、先端分野に興味のあるIT、制御ソフト、電気・電子、機械、化学いずれかの領域で業務経験を持っているエンジニアが集結し、熱いプレゼンと対話が繰り広げられています。

　そこで驚くのは二つです。
　一つは、現場リーダー・スター社員によるプレゼンです。マネージングディレクター、技術企画の担当部長、開発部開発室長、総合研究所エキスパートリーダー、研究統括部長、シニアエキスパート……。いずれも、ビジネス変革をリードするフューチャリスト兼、開発を実装するリアリストです。
　その実際に技術開発に関わるリーダーが、先端技術領域における開発エピソー

ドや、目指したい未来像などを、全身全霊でプレゼンするのです。冒頭のセリフは、そうした各社の先端領域の責任者の熱いメッセージの一部です。結果、転職を希望するエンジニアが多数いらっしゃいます。

　もう一つの驚きは、両者の対話のフラットさと濃さです。
「業界勉強会」では、少人数に分かれて各社毎のブースを訪問し、エンジニアと直接会話できる、企業ブースごとの個別懇談の機会を設けています。1社に対して、エンジニアが集団で、企業側の技術リーダーに**逆面接**するような光景が繰り広げられます。

　以下に主な逆質問例を記します。
「競合他社はCか？　差別化ポイントは？　競合にはどのようにして勝つのか？」「AI分野での他社との差別化ポイントは？」「開発規模はどのくらいか？」「車載や制御のことが分からないが、携帯開発の技術が活かせるか？」「ソフトウェア設計は自社で行なっているか？　サプライヤーに頼むのか？」「組込の開発言語は何が主流か？」「PMはどのようなスキルが必要か？」「メーカーからの転職者はいるか？」「勤務地はどこになるのか？」競争戦略、開発目標、技術転用性、開発の進め方、開発言語、必須スキル、職場情報……。
　いずれも、集まって会話してみなければ交換されない、生きた情報です。それらを聞き出し、自らの将来キャリアに重ねようと必死に質問する参加エンジニアに対して、企業側の技術リーダーは、一つ一つ丁寧に回答するのがとても印象的です。そこには、面接官と受験者といった、「入れて欲しい」「入れてあげる」といった上下感はありません。あくまでも、未来を創る対等なプロフェッショナル同士としての対話がそこにあります。

　"War for Talent"（タレント獲得競争）。それを勝ち抜く採用進化の鍵は、経営と現場リーダーが最前線に立ち、未来への対話を実践する「すがた・かたち」に宿るのです。

転職決定者データで見る　変わる働き手の志向

〜入社の決め手に見える中長期志向〜
　転職先を選ぶ際に、業界の壁、規模の壁、年齢の壁、地域の壁がなくなりつつある中、求職者は何をポイントに入社を決めるのでしょうか？　ポイントは、求職者のキャリアや成長への期待を、企業側が満たしているかどうか（図2）。具

体的には、(転職活動中の)「選ぶ際に重視した項目」と、(転職決定後の)「入社の決め手」と比較すると、一番伸びているのが「**キャリアや成長への期待**」でした。

　デジタル社会の加速による企業寿命の短命化と個人のスキルの陳腐化。こうした変化は、働き手の企業の最終選択の基準に影響を与えているのです。未来を先取りするスキルや新たなキャリア・新たな自分を発露していける職場。「人生100年時代」の変化に適応し、中長期的なワークライフをデザインできる職場。そのビジョンを提供できるか。企業の採用戦略が試されているのです。

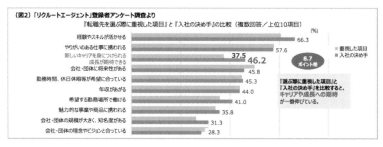

リクルートキャリア「リクルートエージェント」登録者調査より

～異業種転職者の入社後のとまどい～

　一方、異業種への人材流動が広がる中で、越境転職者が入社後に活躍しやすい環境を整える重要性も高まっています。弊社転職サービス「リクルートエージェント」の転職決定者の調査結果によると、入社後にとまどったことの上位の項目は、その企業や職場固有の「仕事の進め方や社内の慣習」等に関する項目でした。特に「異業種への転職者」は その項目の値が高かったのです。勤務時間等、条件面のすりあわせだけでなく、「仕事の進め方」など、職場単位での細かなすりあわせが、転職者の入社後の活躍に向けたキーポイントとなるのです。

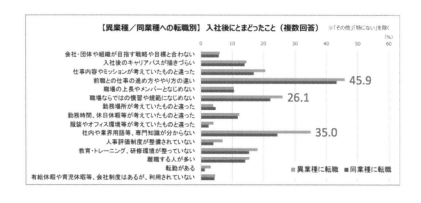

IT系エンジニアに聞いた入社後の戸惑いも同様の調査結果が得られました。全職種と同じく、異業種に転職したIT系エンジニアは、同業種に転職したIT系エンジニアと比較すると、やはり入社後に、職場の仕事の進め方や慣習等、その職場ならではの暗黙知やインフォーマルなルールにとまどっています。今後も業種を変更して転職するIT系エンジニアは増えることが想定されるため、企業は入社後の活躍を見据えて、入社前からの職場理解を促進する以外に、入社後のオンボーディング（入社者への組織文化やルール、仕事の進め方などの習熟プログラム）等、受け入れ体制の整備がますます重要になってくるでしょう。

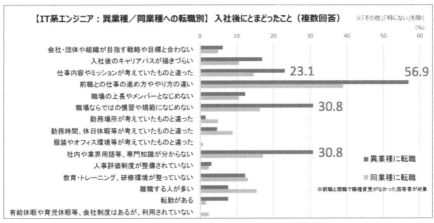

「リクルートエージェント」登録者アンケート　調査概要　●実施期間：2017年9月25日（月）～9月30日（土）●調査対象：株式会社リクルートキャリアの転職エージェントサービス「リクルートエージェント」の登録者で、何らかの手段で2017年1月～2017年7月の期間に転職をして、正社員または契約社員として働いている者　●回答数：1,343名　●調査方式：webを使ったアンケート　https://www.recruitcareer.co.jp/news/20180131.pdf

就社から就職場へ。人事から職場長へ～変わる粒度と話者

　働く選択肢が多中心に広がっていく「働く方（方向）変革」は、働き手が企業に求める情報や姿勢にも変化が見て取れます。前出のように、異業種転職後に仕事の進め方に戸惑い、規模や知名度以上に中長期の「キャリアや成長への期待」を求めだしている働き手は、今後、企業に何を求めているのでしょうか？
　「リクルートエージェント」の転職決定者に聞いた「転職中に企業に求めることとは？」。その回答から見える変化のキーワードは、【就職・情報】から【就職場・情報】と言えるものでした。

就職活動が、主に"会社とのマッチングの【就社】"だとしたら、これまでの転職活動は、字義の通り、"職種とのマッチングである【就職・転職】"だったのだと思います。しかし今日では、企業内の業務の細分化や、業務の特殊性・専門性の高度化によって、同じ業種や職種でも、求められる成果や仕事の進め方が異なる、といった変化が生まれています。加えて、個人の働きに対する価値観の多様化を背景に、入社後のとまどいを避けるためにも、働き手は、人事との対話だけでなく、"職場長との具体的なミッションの摺り合わせを求める【就職場】"の傾向が強くなっているのです。

　ある意味、【会社探し】【仕事探し】の先にある【職場探し】への深化。これが働く場所と機会が、あらゆる業種、規模、地域、年齢に広がるこれからの「働く方（方向）変革」にとって、必要不可欠な情報深度なのです。

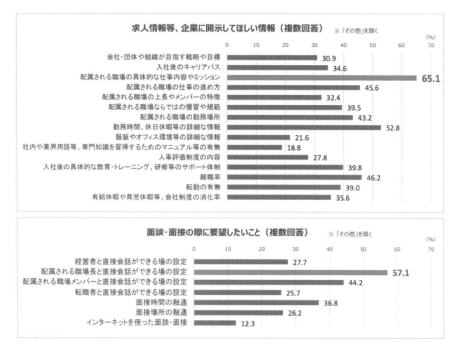

https://www.recruitcareer.co.jp/news/20180123.pdf

企業が発信すべき H.B.L

　"War for Talent"時代の採用進化の鍵は、経営と現場リーダーの未来への対話。その時、企業は、何を訴求すべきでしょう。社会心理学によると、人が協働体に

参加する際の魅力要因は、以下の四つに分解されます。目標への共感、活動内容への魅力、構成員の魅力、特権への魅力。これを転職のシーンに変換すると、以下の8つの魅力要因に分解されます。

【目標への共感】　　＝理念・ビジョンの明快さ、戦略・目標の将来性
【活動内容への魅力】＝事業・商品の特徴、仕事・ミッションの醍醐味
【構成員の魅力】　　＝風土・慣行の親和性、人材・人間関係の豊かさ
【特権への魅力】　　＝施設・職場環境の利便性、制度・待遇の充実度

　それを、3つに分解したのが、「H・B・L」です。
Hは「Hill Top」。その職場の丘の上から自らの将来の希望が見えるか？
Bは「Batter Box」で、中途入社者が力を発揮できる裁量権や風土/環境があるか？
Lは「Lifework Fitting」で、生涯現役で活躍するための柔軟な働き方ができるか？

　企業は、その職場で働けば、ワクワクするような未来を創り出せることを語る（Hill Top）。どんな人にとっても活躍できる土壌があることを伝える（Batter Box）。ベストパフォーマンスを出すためにライフステージに沿った柔軟な労働環境があることを伝える（Lifework Fitting）。

　Hill Top、Batter Box、Lifework Fitting。採用進化で企業が備えるべきH.B.L.は、「働く喜び」を構成する3C（Clear、Choice、Communication）とも通底します。将来の希望に自分を重ね、裁量権に持ち味を重ね、柔軟なライフデザインに期待しあう。H.B.L.は、働く人々に最良のワークウェア・ライフウェアを提供すると共に、働く人々を未来の新大陸への挑戦に誘い、企業のあり方をもリデザインする最良のイノベーション・ウェアなのです。

■転職する際の4つの魅力要因・3つのキーワード（H・L・B）

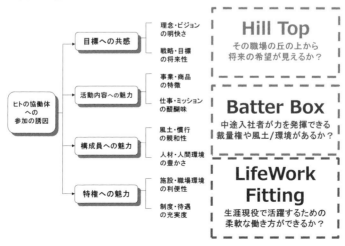

Column
稀少かつ重要なタレント人材を採用するリファラル・リクルーティング

　稀少かつ重要なタレント人材を採用する。「経営層と現場リーダーの本気の採用参加」。そのひとつの解として、「社員リファラル採用」が挙げられます。これは、社員による人材紹介です。社内で形成・蓄積される自社らしさ、優れた人材像、働きやすい環境のような企業ブランドの大切な要素となる情報は、デジタル化することが難しい。

　そこで、社員リファラルによる採用、優れた社員のネットワークを利用することでカバーを図るのです。自社の社員による紹介ならば、「類は友を呼ぶ」の如くで、候補者と組織文化とのマッチングの確度も高まり、優れた人材を獲得し、その連鎖を広げることが可能になるのです。

社員紹介採用活動をサポート
「GLOVER Refer（グラバー・リファー）」

https://gloverhr.com/

　弊社では、社員紹介による採用活動をサポートする企業向けサービス「GLOVER Refer（グラバー・リファー）」を提供しています。GLOVER Referはどの社員が誰を紹介したのか、選考の進み具合はどうかなどを可視化できる、

リファラルリクルーティングの導入・促進ツールです。参加社員はテンプレートでメッセージを作成でき、メールやSNSなど連絡方法を選ぶだけ。3ステップでカンタンに紹介メッセージを友人へ拡散できます。
　社員の参加率、紹介メールの送信率、応募率、などの状況を視覚的に把握でき、人事の管理業務もラクラク。リファラルリクルーティングの状況を一元管理することで、マッチング率の向上と採用コストの削減をサポートします。

CHAPTER 5　AIが拓く
未来の働く

民多利器、國家滋昏、民多智慧、邪事滋起
民に利器多くして、国家滋々昏る
民に智慧多くして、邪事滋々起こる

道教の祖・老子

文明の利器や智慧が生み出す利便と、その先にある人々の怠惰や狡知と精神の退行……。
そんな約二千年以上も前に老子が抱いた胸騒ぎと憂慮は、現代の利器であるAI（人工知能）やVR（事実上の現実）によって現実化しつつあります。
しかし文明の利器であるデジタル・テクノロジーが指数関数的に急進するのは不可避な未来。豊かさを運ぶための馬車を車にし、人の想いを伝えるために手紙をメールにしたように……。
問われるのは、そのテクノロジーに目をつぶらずに、しっかりと使いこなす人間側の知性です。

筆者は、こうした"文明の利器や智慧"がもたらすポジティブなインパクトが、どう人と組織を変えるのか？　そんな大上段な問いを立て、これまで人事プロフェッショナル、データアナリティクスやAIの先端研究者の方々と対話を試みてきました。
この章では、"文明の利器や智慧"が「未来の働く」をどう変えて行くのか？　その時、大切になるのは何かを見つめてゆきたいと思います。
果たして、文明の利器や智慧を使いこなす知性とは、一体どんなものなのでしょうか？

リクルートワークス研究所　Works No.137「同僚は、人工知能」より

待ったなしの人と組織のリデザイン "HR　Intelligence"

クイズ、チェス、将棋、囲碁、東大入試、料理レシピ、お掃除、自動運転、金融取引、Web 広告、医療診断、絵画、小説、楽曲……。あらゆるジャンルで、データから新たな知の発見と推論を行ない、人類の知性たる名人を打ち負かし、深化し進化し続ける Data Analytics & AI。当然、その影響は私たちの職場にも、人事の HRM（Human Resource Management）の世界にも広く浸潤しつつあります。巷では、最先端の IT 関連技術を使って、人事関連業務を行なう HR テックや Evidence-based HRM（エビデンス・ベースド HRM）という言葉が使われ出しています、が、ここでは知性の時代の人と組織のあり方を見つめるという意味で "HR　Intelligence" と記します。

働き手の多様性と企業の生産性の両立する人と組織のリデザインも待ったなしです。その解決の方途として期待されているのが AI を活用した "HR Intelligence" なのです。

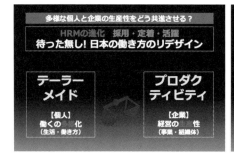
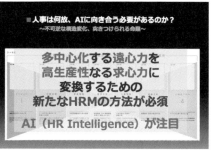

今なぜ、「未来の職場」が AI に向き合わなければならないか。キーワードは 1）GDP、2）サービス経済化、3）KDD の 3 つです。一つ目の GDP は、未来の組織が向き合わなければならない経営環境として筆者が認識する造語の GDP（Global、Diversity、Productivity）です。望むと望まざると、競争の土俵も相手もルールも全てが影響を受ける Global 化の G。さらに、人材の出自、雇用形態、ワークススタイル、そしてものの見方・価値観の全てが多様化する Diversity の D。こうした遠心力が働く中で、いかに Productivity（生産性）の P を向上させるか。この GDP は、明日の経営と今日の事業と働く一人ひとりの生き方の結節点である「未来の職場」、そして人事にとっても喫緊の課題です。ただしその解決解は、既に人智を超えています。世界中の人材プールから誰を

リーダーに据えるか。多様なチーム同士をどう組み合せれば、生産性は向上するか、そして何より働く一人ひとりの才能が開花するか。GDP問題は、囲碁の名人とAIの頭脳も借りたい超難問です。

　二つ目のキーワードは、第1章でも触れたサービス経済化です。全ての産業でサービス価値が求められる現在。Appleがiphone＋i-tuneで仕掛けた新たな競争のルールであるエコシステム間競争は、目に見えるハードウエアの機能的品質以上に、目に見えないユーザー体験という新たな経済圏を作りました。当然、需供がその場で価値交換されるサービス業は、ハードウエアと違い品質の善し悪しは目に見えません。実際、深夜の介護職員の丁寧なおむつ交換、販売員の機転の効いたおもてなし、といった現場でのサービス品質は、上司には見えづらく、顧客の心証にしかストックされない。それをどう可視化し、評価するかは、これまでの人事の人智を超えているのです。

　最後のキーワードは、KDD（Knowledge Discovery in Database＝データベースからの知識発見）。

　これまで見えにくかったコミュニケーションをセンシングし、新たなタレント発掘や組織開発を可能にするピープル・アナリティクスの地平がいま拓かれようとしています。センサーやコミュニケーションデータの分析が浸透すれば、隠れた人材発掘や生産性を高める組織再編も可能になる動きが急です。しかし、獲得する膨大なデータ量とシグナル（意味）の抽出は、KKD（勘と経験と度胸）の人事の人智を早晩超えます。

「未来の職場」が人事に要求する新たな力は、GDP＝人智を超える求心力、サービス経済化＝人智を超える可視化力、KDD＝人智を超える意味抽出力。

　人と組織の隠れた可能性に向き合う「未来の職場」こそ、AIに向き合う機会が拓けているのです。

■企業を取り巻く変化と競争優位の源泉

企業を取り巻く3つの変化	これからの競争優位の源泉
1　GDP Global、Diversity、Productivity	多様な環境下での 生産性
2　サービス経済化 モノ→コト、ストック→フロー	目に見えない ユーザー体験価値
3　KKD→KDD 勘と経験と度胸　→ Knowledge Discovery in DB	データからの 新たな知の発見

AIを手に入れた人事はどこへ向かうのか？

　人事は、Data Analytics & AIによる人智を超える新たな3つの力を使って、具体的に何を実現しているのでしょうか。IBMがグローバル企業のCHRO（最高人事責任者）に対して行なった調査で、人事がアナリティクスをどのように活用しているかを聞いているデータがあります。（Works125号「人事とIT」より）

　人材の調達・採用、労働生産性の向上、優秀人材の保持（リテンション）、業績管理・業績評価、従業員の動機付けとコミットメントの獲得。それぞれの領域で、過去データからの傾向やパターンを識別している企業と、データから将来の予測を導き出している企業の合計は、グローバル企業では、既に5割前後となっているのです。この調査が数年前であることを考えると、世界の人事データアナリティクス利活用は、さらに進んでいると考えられます。

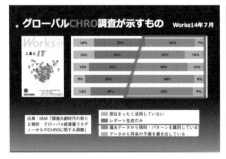
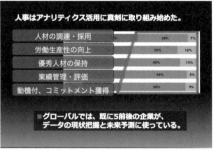

（works125号「人事とIT」より）

単なる過去の蓄積から、分析をもとにした予測と創造へ。Archive から Analytics へ。この流れは、人事の世界に今後も広がってゆくでしょう。

例えば、IT×採用では、アルゴリズムが、世界中の Web の海から自社の戦略やタスク、ポートフォリオに合った人材を自動探索したり、景気シミュレーションを活かして、早めに組織構成・配置を変えるように提案する。いわゆる予測的な人材採用戦略の未来です。そこでは、何の因数を重視して、どんな採用結果を望むかというアルゴリズムの精度と検証改善のスピードが、問われることになるでしょう。

例えば、IT×組織開発では、メールなどのやりとりをテキストマイニングしたり、センサーを使って社員間のソーシャルグラフをモニタリング。組織の知的創造性をあげる"場"を分析し、予測的に組織改革に役立てる。そこでは、どの組み合わせが、個々人のハピネスや組織の生産性をあげるかの因数を探し、先行的に現場に施策を実施してゆく。

他にも、IT×リテンション、IT×ナレッジマネジメント、IT×ワークススタイル、IT×PMI（Post Merger Integration：買収後の統合）と、その活用はますます広がっていくでしょう。

これまでは人事考課や異動・昇進の記録、給与計算のための基礎データなど、過去の記録をアーカイブすることが IT 活用の中心でしたが、これからは IT を使いこなして、予測・施策実行を提言するのが、人事の仕事になるのではないでしょうか。逆に、Analytics のない Archive だけの人事は、急速にその競争力を失っていくかもしれません。

ビッグデータの特徴は 3V（Volume、Variety、Velocity）。大量かつ多様なデータで、高速処理を可能にします。紙と鉛筆の時代には分析に使う変数（パラメーター）はできるだけ少なくして、シンプルにしたほうが優れた統計モデルといわれていましたが、今はコンピュータの処理能力が格段に向上し、パラメーターの数が多くないと信頼の高いモデルとは呼ばれなくなりました。1億二千万人の日本人が、Amazon の抱える 10 万点の商品のなかから次に買うものは何か。こうした予測分析を行なうとき、単純計算でパラメーターの数は 10 兆個にもなる。しかし、現代のコンピュータにとってこの程度の計算は苦になりません。さらに、その意志決定の決めてとなる因数を AI が自動抽出します。

KKD（勘と経験と度胸）と Data & AI Driven の共進へ。人間ならではの直感とデータを活用した新しい発見・予測・予見の未来へ。今、人と組織は、未来の人と組織に繋がりつつあります。

AI 利活用の二つの壁（２つの A と A）

　AI が拓く人事の未来は、データアナリティクスと AI の組み合せで進展していきます。
　構成要素は、①データ収集・整備（INPUT）＋②ラーニング（機械学習・深層学習）（PROCESSING）＋③人事による現場適応（OUTPUT）。換言すれば、【①人智を超える大量データの収集・整備＋②人智を超える大量データからの意味（特徴量）の抽出＋③人智を活かした現場適応】の３つです。

　従って、人智を超える新たな力＝AI をどう活かすかの最初のカギは、①データの収集と整備（Archive）から始まるのです。

　入社時プロフィール、異動・研修履歴や業績評価。これまで人事や現場マネジャーの頭の中に暗黙知として存在してきたタレントデータをいかに、統括的かつ継続的に、取得蓄積するか。その統合データベース化こそが、AI 活用の基盤になります。そこに、今後３V 化する日々の従業員やチーム間のコミュニケーションデータが蓄積・統合されて初めて、②大量データからの意味（特徴量）の抽出、つまり予測的なデータアナリティクスと AI の利活用が可能になるのです。

　ただし、日本の多くの企業は、人材に関するデータ（採用、研修、プロジェクト成果、評価、保有スキル、キャリアプランなど）が人事と現場に暗黙的に散在

し、形式が不揃いなど、Archive の課題が大きいとの声も聞こえてきます。さらに、データ取得の目的や領域、閲覧者の明示、透明性、データオーナーシップのルールや監視や統率のために使われるのではないという信頼基盤など、データ・ドリブン・カルチャーの課題もあります。グローバル企業との差が開く懸念もあります。

　Archive から Analytics へ。その進化は、Archive なくして Analytics なし、なのです。
　人事部門に、データアナリティクスやデータサイエンスのプロフェッショナルが増えていく流れは、今後、さらに強まっていくでしょう。

```
■人事の未来はデータアナリティクスとAIの組合せで進展
　～利活用のキーワードと二つの壁（二つのAとA）
```

AIが拓く未来の職場の構成要素		AIを活かす際の壁
1 ビッグデータ	人智を超える大量データの収集・整備	Archiveなくして Analyticsなし
2 ラーニング（機械学習）（深層学習）	人智を超える大量データからの意味抽出	
3 現場適応	人智を活かした現場適応	Analyticsより A………

Analytics より A ？？？、最適解より納得解

　人事が AI を活かす第二の壁は、さらに深遠です。

　上述のように、大量なデータを処理して、次の一手を予測的に提言する AI の精度は、ルールベースのゲームやタスクでは、プロの棋士やマーケターを遥かに凌ぐものがあります。巨視的にみれば、センシング技術とともに、職場やタレントのデータ量と信頼性は上がっていく様相です。
　あくまで、本人の許諾がベースですが、安全運転のために車室内のドライブレコーダーや、Apple Watch のようなパーソナル・ヘルスケアデバイスが浸透してきたように、今後、心拍数やキーボードタッチスピードや表情から見える、個人のメンタルコンディションや、メンバー間コミュニケーションの頻度やチームの活性度などの無意識のデータも、低コストでセンシングできる時代です。

しかし、Analytics活用には、別の課題があるのです。AI先端研究者との対話で明らかになった衝撃の事実は、「最近のコンピュータ将棋で使われるAIは、なぜこの手を指したのかを説明できない」ということでした。機械学習が進歩し、いい手がどんどん打てるようになる。しかし説明できない方向にAIは進化しているとの話だったのです。

　例えば、こんな未来が予測されたらどうでしょう。
「今後5年間でアカウント（売上）を10倍にする打ち手があります。その答えは、経営陣全員クビ。ただし何故そうなったかは説明できません」。仮にAIにそう予測・提言されたら、私たちは、この打ち手を容認できるのでしょううか。つまり、私たち人間社会や人間組織は、アカウント（売上げ）やパフォーマンスだけでなく、アカウンタビリティー（説明責任）や共生を重視している共同体とも言えるのです。別の言葉でいえば、結果予測より結果責任を、成果より共存を求めているのかもしれないと言えるのです。

　こんな議論もあります。「自動運転車が複数の人との衝突が不可避になる事故に直面したとき、路上のAとBのどちらを犠牲にする判断をするのか。被害の責任は誰にあるのか」。二つのパフォーマンスの優先順位が輻輳（ふくそう）し、予測提言を容易に行使できない状況は現実に多数あります。だからこそ、われわれは、AnalyticsよりAccountabilityという責任に背を向けられないのです。

　当然ながら、人事にとってのAIは、利活用そのものが目的ではありません。そこには、データアナリティクス＋AIによる自動化や予測以上に大切にしなければならない深淵な意味が横たわっています。これまで人間の勘と経験と度胸では寄り添えなかった働く個人の"隠された能力"を発見し、惹きつけ、能力発揮を支援する。その可能性を拓くAIに向き合う機会は当然ある。しかし同時に、その圧倒的な予測精度を、責任をもって、かつ対立や不納得が予想される輻輳の中で、意思決定を行使したり、逡巡したり、時には留保する。

　最適解だけでなく、納得解に向き合う。その新しい人事の哲学、人と組織のあり方が「未来の職場」に試されているのです。

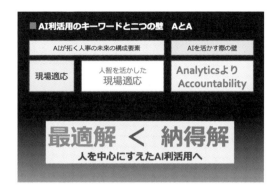

　ちなみに、AIは用途を限定した単調な反復や大量のデータを処理することが得意な一方、愛や信頼性などコピーできない情報やデータがない状況には弱いです。対して、汎用人工知能（汎用人口知性 = AGI：Artificial General Intelligence）と呼ばれる人間は、想定外のトラブルに対する説明責任や結果責任を引き受け（Accountability）、目的を自ら設定し（Goalsetting）、人との関係をおもんぱかる洞察力（Insight）を備えています。

　例えば、優秀なキャリアアドバイザーやトップコンサルタントは、新たな人生の岐路で希望と不安を持つ求職者に対して、相手が決して表出しない本音を言語化し（Insight）、忘れかけていた志や、諦めかけていた仕事や人生の目標を改めて掲げ直し（Goalsetting）、新たな挑戦への不安の解消に丁寧に説明責任を果たし、辛苦や困難の結果責任を共に引き受けます（Accountability）。これこそ安易にコピーできない「人ならではの信頼や愛の力」なのではないでしょうか。

　単純作業は代替されても、卓越したビジネスプロフェッショナルのGAIの能力は簡単に超えられません。ＩＴ（情報技術）リテラシーに加え、人間との関係構築や創造性は磨き続けること。それこそが、最適解が取りこぼす納得解に向き合う、人間の知性の力なのかもしれません。

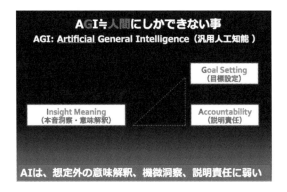

人の無限の多様性に向き合う人事へ 〜ITのジレンマを止揚して〜

「ITの進化は、どこまで人と組織、人事部門の業務を変えるのか？」。最近のHR Techが語るそんな大上段な問いを前に、ある種の疑念や反発を覚える方も多いのではないでしょうか。

しかし、「IT活用に疑念」と「IT活用は自明」というように、2つの意見に分かれる話題はどんなものであれ人事、もしくは人と組織の未来が向き合うべきよきテーマだと思います。

実は、このジレンマこそがテクノロジーの大いなる可能性なのです。

Technologyの語源は、〈techne〉＋〈logy〉。〈techne〉は、ギリシャ語のτεχνη（テクネー）、ラテン語の〈ars〉、英語の〈art〉と通じ、匠の技や芸術の意でもあります。絵画や彫刻のように、その人がその時その場所でしか発揮できない技、他者には代替できない技のこと。つまり、〈techne〉は、一回性の技。かけがえのない人為なのです。

一方、〈logy〉は、ギリシャ語のλεγειν（レゲイン）、λογος（ロゴス）と通底するロジック、論理の意。換言すれば、〈logy〉は、誰が行なっても再現できる汎用知であります。

一回性と再現性。あなたにしかできない"かけがえのない技"と、世界中の誰もができる"代替可能な知"。Technologyが包含するこの二重性に付き合うことこそ、個人と組織の福利のジレンマ、未来への変化と現在の安心のジレンマを止揚することのできる人事の真骨頂なのだと思います。

ライフ・オーナーシップを復権し働く一人ひとり。その多様な一回性に向き合

うために、AI の進化はあります。AI の進化は、人とマシンの境界を狭め、人とマシンの内分点を再定義しつつあります。テクノロジーの機能に着目すれば、人間の能力を上回るデータの大量高速処理パワーや、AI の機械学習による無限の学習向上に目を奪われ、身構えてしまうことが多いかもしれません。

しかしテクノロジーを、人・組織が持つ無限の可能性を見いだす道具と考えると、共存への方途は、俄然拓けてきます。幸い、IT 研究が進むほど、コンピュータには不得意で、人間には得意なこと、つまり、人が本来持つ無限の可能性が再発見されつつあります。

想定外の事態の予想。「人に迷惑をかけないように」といった曖昧な空気の中での対応。身体と時間の拘束から解き放たれたリモートワークの社員を、再び職場に呼び寄せる活気や風土の醸成。

どんなに IT が進んでも、その人がその時、その場所でしか発揮できない、他者に代替できない技や事や意味を支援する重要性は、ますます高まってゆきます。

人生の一回性を支援する。選択の不可逆性に向き合う。身体の痛み、心の声に寄り添う。そのためには、逆説的ではあるが、一人ひとりに寄り添うことができる IT を使わない手はないのだと思います。

勘・経験・度胸（KKD）に頼った人事 から、KDD（Knowledge Discovery in Databases）を加えた人事へ。その意味は、KKD からは見えなかった、一人ひとりの多様な可能性 に向き合うことです。

会社中心から個人中心へ。身体拘束中心のエゴマネジメントからアイデア創発中心のエコマネジメント へ。IT がもたらす「脱中心」時代は、個人の持ち味に寄り添う「人中心」時代でもあります。

人を中心に据えたＡＩ活用の採用支援ツール（成果報酬型のサービス）「リクナビ HRTech 転職スカウト（旧名称：RECRUIT AGENT CAST）」

https://hrtech.rikunabi.com/

　弊社リクルートキャリアでは、AI（人工知能）を活用した中途採用スカウトサービス「リクナビ HRTech（エイチアールテック）転職スカウト」（旧 RECRUIT AGENT CAST）を提供しています。

　2016 年に「RECRUIT AGENT CAST」のサービスを開始して以来、多くの企業様の採用活動に支持され、2018 年 4 月現在、18,000 社に利用いただくサービスに成長しています。特に、中小企業などの知名度が少ないが故に、人材との接点が持てなかった成長企業と優秀な人材との出会いを実現し、好評をいただいています。

　仕組みは以下です。リクルートエージェントに蓄積された人材データベースの中から、企業にマッチしていると思われる候補者を AI が自動的にピックアップして紹介。人事・事業部門の採用担当者が紹介された候補者に対して、「面接に来てほしい」「興味がある」「興味なし」という 3 段階の評価を選択するだけで、簡単にスカウト依頼が行なえるサービスです。スカウト文面の作成も不要で、応募された候補者に対してはリクルートエージェントがサポートするため、面接調整や選考フォローの手間を省くこともできます。また評価付けを繰り返していくことで、その結果を AI が学習して紹介の精度が改善され、現場の事業担当者と人事、エージェントの間の「曖昧な人材要件のすり合わせ」によるミスマッチングが解消、企業内の人材要件定義の生産性向上にも寄与しています。

　AI と人（人事部門・現場部門、求職者エージェント、そして求職者）のハイブリッドモデルは、まさに人を中心にすえた AI/ 人共進化モデルなのです。

VR/ARが人事に迫る"遠隔と存在"の新たなHRM

プラトン・アリストテレスをも悩ませた＜存在＞とは何か？

つまるところ、〈存在〉とは何か？　いきなりで恐縮ですが、この素朴な問いに、働くプロフェッショナルの皆さんなら、どんなふうに答えるでしょうか？

面と向かって〈存在〉とは何か？と問われると、まさに面食らってしまうのではないでしょうか。

今から約2500年前、古代ギリシャ哲学者にして西洋哲学の源流を開いたプラトンの書には、この問いを前にたじろぐソフィストが描かれています。「〈存在する〉という言葉を使う時に、(中略) われわれの方では、ひところでこそ分かっているつもりだったのに、今では途方に暮れている…」(244a)（プラトンの対話篇『ソフィスト』）

弟子のアリストテレスもこう語ります。「いつも繰り返しそこへ通じる道を見いだせないでいるもの、それは存在者とは何かという問いであり、つまるところ〈存在とは何か〉という問いである」（『形而上学』第7巻第一章、1028b2）

〈存在とは何か〉を問うことは、プラトン・アリストテレス以来の西洋哲学の根本の問いであり、メタフィジカル（脱身体的）な観念を持ちうる人間だけの深淵な営為なのかもしれません。

こんなエピソードもあります。「人が最も恐怖を感じる場所って、どこだか分かりますか？　いろいろ考えたのです」。およそ20年前に、ホラー映画『りんぐ』『らせん』の生みの親で小説家の鈴木光司さんに、インタビューした時に教えていただいた話です。記憶では、人の右か左後方45°30cmぐらいの場所。そこに人がいたとしたらどうだろう。『りんぐ』『らせん』のイメージも手伝い、人の気配を背後に感じ、猛然と身の毛が立ったことを今でも覚えています。

見えそうで見えない、いや、実際にはいないのに、身体的に実感できる。かつ、実際に見えるよりも、イメージが拡張され、現実より感情や行動が変容する。こんな、フィジカルとメタフィジカルを往還する、身体──脱身体の連関的な〈存在〉観念を持ちうるのも、人間だけの深淵かもしれません。

「あの人には、存在感がある」「ここにしか、存在しないものがある」「時の流れが、その存在を忘却させた」そして、「見えないのに、何故かすごく感じる」。ある時は人に宿り、ある時は場所に宿り、時の流れと共に、生成消滅する。そして

ある時は、現実以上に迫りくる……。このように〈存在〉には、多義性がある。厳密な定義は別としても、〈存在〉は、時と場合と主観で異なり、時間と空間と人間（人と人の間の意のじんかんと呼びたい）で、うごめいているのです。これは多様な人材に向き合う「未来の職場」にとっても他人事ではないのではないでしょうか。

〈遠隔〉で実感できるとしたら、〈存在〉とは「未来の職場」にとって何か？

『Works』131号の特集記事「バーチャルリアリティーが人と組織を変える日」。そこでは、VR/AR（Virtual Reality/ Augmented Reality＝実質上の現実/拡張現実）が人と組織の未来を変える、新たなHRMへの可能性を探るため、VR/ARの最先端研究者と人事プロフェッショナルに取材を行ないました。その果実や留保するポイントについては、記事を参照いただきたいのですが、取材中、筆者の頭の中を常に巡っていたのは、まさにこの「〈存在〉とは何か？」という問いでした。

働く人々をオフィスから解き放つVR技術や、人々の世界像を拡張するAR技術は、人々が空間・時間・能力的に離れていても、共感協働できる道具。VRの一分野であるテレイグジスタンス（Telexistence、遠隔臨場感、遠隔存在感）では、遠隔地にある物（あるいは人）があたかも近くにあるかのように感じながら、操作などをリアルタイムに行なう環境を構築する技術で、災害地や医療過疎地だけでなく、製造や経営ボードミーティングなどでも既に活用されています。

第1章で触れたように、いま、私たちは、AI（人工知能）、VR（仮想現実）/AR（拡張現実）、ロボットなどを用いて、あらゆるモノと人と能力がネットにつながるIoH（Internet of Human）、IoA（Internet of Abilities）が加速する新たな産業革命の始まりを迎えています。ネットワークとロボットを通じて能力をやりとりできるようになれば、地球の裏側の自分の分身を一体化し（存在の拡張）、現地の人たちと感覚を共にし（体験の拡張）、協働できるようになります。

第 5 章　AI が拓く未来の働く　123

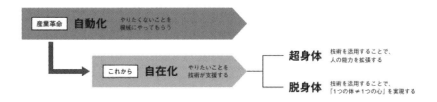

『Works No.125』「人事と IT」より

　当然、採用面接も、育成・トレーニングも、配置やワークプレイスなど、HRM の分野にも、直接、面と向かわなくとも可能になる道具立てが早晩、浸潤していきます。〈遠隔〉で〈存在〉を実感できる技術は、人事を取り囲む環境三要因の造語 GDP（Global、Diversity、Productivity）、いわゆるグローバル化・多様化対応や生産性向上への切り札とも言えそうです。

『Works131』バーチャルリアリティが人と組織を変える日より

　しかし、取材では、「直接、会ったほうがいい」という声も、多く聞かれたのです。実際、Google Glass をはじめ、AR 技術を推進する Google のような先端 IT 企業でさえも、肩の触れ合うようなオフィスを重視しています。「直接、会ったほうがいいか」「直接、会わなくてもいいか」。この判断の裏には、〈臨場感〉

や〈存在感〉、突き詰めると、やはり〈存在〉がうごめいているのです。世界的な知能ロボット学者の大阪大学特別教授 石黒浩氏によれば、人の存在を認識するには、最低2つの感覚要素が表現されていればいいらしい。声＋体、見かけ＋体、匂い＋体、声＋匂い。やはり、私たちの〈存在〉の認識には、身体は欠かせないのです。

「わざわざ来たから信頼できる」「初回は、会わないと……」「言いづらいことは会わないと……」「人型ロボットが掃除機のようによろよろ近づいてくるとつい助けたくなる」。こんな声が聞こえるのも当然です。

〈遠隔〉なのに〈存在〉を感じられるかどうかは、フィジカルにかかっている。いわゆる〈身体性〉です。では、〈身体性〉とは何か？ 筆者は、これを〈有限性〉〈一回生〉と解したいのです。VR・ARで空間的・時間的に離れていても、その時、その場で関わる本人にとっては、一回限りの有限の瞬間。有限な身体を持つ人間だからこそ、その身体をもって表現せざるを得ない。受け止める側も、相手の身体をまず認め、その身体をもって伝えられる表現を受け止めないと、相手を共感しづらい。

この〈一回性〉を巡る共感の文化装置、言い換えれば、同じ有限の〈一回性〉を生きるもの同士としての共感の相互作用こそが、〈存在〉にとって不可欠なのかもしれないと思うのは私だけでしょうか。「会ったほうがいい」とは、畢竟、同じ〈一回性〉を共存している〈運命共同性〉を重視しているからなのではないのか？

「出来る」と「（一緒に）いる」は異なる。「（一緒に）いなくても、仕事が出来ればいい」と「仕事が出来ても、（一緒に）いないと（運命共同的に）ダメ」。この組織が持つ二重原理が、人材を身体的・時間的に束縛する見えないドグマになっているのではないでしょうか。

2500年前の〈存在〉とは何か？の問いは、VR/ARを手にした現代の私たちにとって「〈遠隔〉でも稀釈しない〈存在〉とは何か？」「遠隔での一回性の共存とは？」という深淵な問いに昇華しています。これは、「未来の職場」の〈存在〉に関わる大きな問いに聞こえます。

最後に、二十世紀の大哲学者ハイデガーの『存在と時間』から意訳して締めましょう。

「存在をことさらに〈それは何であるか〉と問う時、存在の始源の調和は敗れる」
「それは**本質存在**か、それは**現実存在**と区別している場合ではない！」

　VR/ARが「未来の職場」に迫る"遠隔と存在"は、"本質と現実"を区別しないことから始まります。まさにハイデガーは、実質上の現実と訳されるVR（Virtual Reality）と、現実に実質を重ねる意味のAR（Augmented Reality）の本質を予言していたのです。VR/ARによる「離れていても、運命を共同する職場」は、「共生（ともいき）の未来」を拓いていきます。

CHAPTER 6

転職戦線、異常アリ！ プロフェッショナル・コンサルタントが語る転職市場の今

> もしもあなたがどこに行くか迷っていても、道が導いてくれる。
> If you don't know where you are going, any road will get you there.
>
> ルイス・キャロル『不思議の国のアリス』

個人の働く方向が、年齢や業界や規模や地域の壁を超えて、多方向に選択肢が広がる時代。企業の採用進化で、経営と現場のリーダーが最前線に立ち、未来への対話を実践する時代。【働く方変革（方向）】は、これまでの常識であった、数々の転職の壁を壊しつつあります。

この章では、プロが語る転職実態と題して、転職サービス「リクルートエージェント」で、日々、求職者や求人企業と向き合うプロフェッショナル・コンサルタントの声から、転職市場の新たな胎動や新常識をお伝えします。果たして、働く人々の持ち味を生かせる新たな職場選択（Choice）、あなたの「働く喜び」を引き寄せる新たな道は、どこに私たちを導くのでしょうか？

「戦略的採用論―パターン別実践編」

業界の壁、時間の壁が溶けだす「未来のはたらく」

　第3章で述べたように、いま人材獲得競争が過熱する転職市場では、これまで壁と言われた年齢の壁、業界の壁、規模の壁といった、かつての採用基準や合否のハードルを壊しつつあります。

　ここでは、日々、求職者や求人企業と向き合う「リクルートエージェント」のプロフェッショナル・コンサルタントを通じて、主要業界の求人・求職者の動きをレポートする『日進月報』の中から以下のテーマのレポートを抜粋してご紹介します。

※レポート内の求人概況や求人倍率は、レポート時点のものです。

【消える年齢の壁】Over40's 人材採用に見る企業の採用戦略の変容（ミドル・シニア）
【攻める事業の壁】新規事業創造を加速する"イノベーション人材"争奪戦

　加えて、**年収800万円以上のハイキャリア・グローバル人材**に向き合う、トップ・コンサルタントが語る【コンサルティング業界】【半導体業界】【自動車業界】【化学業界】【ネットサービス業界】レポートも紹介します。

※「リクルートエージェント・サービス」のご登録者限定のメルマガのコンテンツですが、好評だったため、ここで多くの読者の皆さんに公開します。

　日々、求職者や求人企業と向き合うプロのコンサルタントが語る転職市場の胎動に、「求人企業の新たなあり方」「求職者の新たな選択肢」、そして「個人と企業の新たな働く関係」が見えてきます。そしてその先の、知性の時代、長寿の時代、意味の時代、共生の時代に輝く「未来のはたらく」へのヒントを見つけていきましょう。

消える年齢の壁
Over40's(ミドル・シニア)人材採用に見る企業の採用戦略の変容

※このレポートは、2017年7月度『日進月報』を再掲したものです。

7月度も、全業界で企業の競争力を強化するタレント獲得競争が展開されている。中でも注目したいのが「Over40'sの採用動向」。いわゆる40代50代ミドル・シニアの経験者採用を巡る変化だ。背景にはOver40's特有のスキルセットへの注目がある。深化する技術革新への対応に、彼らの経験資源は不可避だからだ。

端末進化を背景に、かつての家庭用ゲーム機開発スキルを求めるゲーム業界。IoT進化を背景に、かつての家電ソフト／ハード協調設計スキルを求める電機・機械メーカー。高性能デバイス開発を背景に、高精度のコーティング技術スキルを求める化学・素材メーカー。品質管理や人材教育スキルを求め、50歳以上のシニアエンジニアを採用する建設業界など。今、企業の採用戦略は、【脱年齢】【スキルセット重視】に変容している。競争優位の源泉は、スキルセット。こうした外部労働市場の変容は、内部労働市場に固着する旧来の年功型・年次管理型の賃金・評価システムの変容にも影響を与えてゆく。

IT通信(SIer、ITベンダー、通信キャリア、IT技術派遣、ソフトハウス 等)

井出友理子
新卒入社以来、IT、コンシューマー、不動産、医療、製造業など多くの業界の採用支援に営業やマネジャーとして携わる。新サービス立ち上げ等、企画も経験。

江川理絵
IT業界中心に法人営業・キャリアアドバイザーを経て、約10年間IT領域のマネジャーを担当。毎年1500名以上の転職を支援しているグループを統括。

40代以上の経験者から20代未経験者まで採用間口を拡大

事業・サービスのクラウド化や、生産工程のインテリジェント化など、IT活用に関する企業の案件は増加している。SEの求人倍率3.4倍（※10月末時点）にみられるように、採用獲得競争は激化している。開発人員不足は、現社員への労働負荷にも影響を与えるため、企業は採用ターゲットを広げ、40代以上の経験者や、その逆の

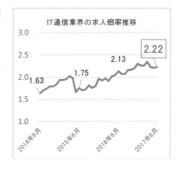

20代未経験者を採用する等、採用間口を広げている。採用に成功している企業の特徴は、「入社後の"定着"を念頭に採用を考えているかどうか」である。求職者にとっては、企業選びの選択肢は広がっている。外資系企業を渡り歩いてきた経験豊富で、企業から引く手あまたの求職者が、新興企業に、自らの経験を還元したいとの意思から転職するケースも出ており、転職回数や年齢による転職の壁もなくなってきている。

インターネット（インターネットサービス、ゲーム 等）

長尾 悠
10年超にわたってスタートアップから大手まで約930名の採用支援を行なう、インターネット業界専任のHRソリューションプランナー。

家庭用ゲーム開発のノウハウを活かして、スタートアップで活躍するベテラン人材

インターネットサービス・ゲーム関連企業の求人需要は相変わらず高い。Wi-Fi環境の充実やスマートデバイスの性能向上に伴って、ゲームや漫画などのコンテンツのリッチ化が加速、ユーザー体験も進化を続けている。一方で、制作に掛かる期間や投下するリソースも増加しており、募集要項にも変化が表れている。ゲームを例にとると、動画や音声など表現できる幅の拡がり

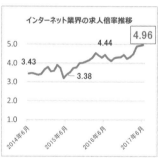

を支える役割として、家庭用ゲーム制作に携わってきた、世界観を追究し、繊細で重厚な表現を得意とする40代以上のベテラン人材を採用する企業が増えてきている。若手が経験したことのないレベルでの表現へのこだわりは、組織にも刺激を与える。職人の技術に光を当て成長を目指す企業と、活躍の場を活かし躍動する個人が生まれている。

電気・電子・機械

大橋 裕介
東海エリアにて自動車業界を担当後、現在は首都圏の大手製造業を担当。自動運転、スマートファクトリーなどAI、IoTに関わる採用支援経験が強み。

中村 圭吾
10年以上にわたり一貫して製造業界を担当。法人営業、ハイキャリア領域のスカウトコンサルタントを経て、現在は大手専任の法人営業に従事。複数の大規模採用プロジェクトを担う。

地域間転職は、求職者サポートとやりがいの明確化がポイント

自動車、総合電機メーカー各社は、引き続き、求人が活況である。IoT化進展に伴うシステム設計・ソフトウェア開発だけでなく、製品開発や電気設計や機械設計等、それを組み込み知能化するハードウェア開発においても求人が増加している。従来30歳前後が求人の中心だったが、就職氷河期に新卒採用を抑えていたこともあり、30代後半の技術者へのニーズが盛り上がっている。

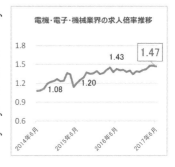

各社の悩みどころは地域の壁。生産工場は地方拠点が多いため、その地域の求職者だけでは充足しない場合が多いのだ。そのため、各社は毎週土日に大都市圏で企業説明会を開催し、求職者に応募を呼びかけている。地域間転職は経済的・心理的ハードルが高いため、面接等にかかる交通費補助や住環境のサポート、先輩社員を交えて地域の教育環境を伝える等、各社応募ハードルを下げるための情報提供に懸命だ。

一方、求職者を「地域をまたいででも転職したい」と動かすには、移住の不安をなくすだけでは不十分。そこでしか得られない経験や技術を習得できることをいかにアピールするかがポイントとなる。企業は、他では替えの効かないキャリアを描くことができるのかを、伝える必要がある。

化学

羽田野 直美
製造業エンジニアのキャリアアドバイザー、新卒理系学生・ポスドクの就職支援を経て、素材・エネルギー・電気業界のハイキャリア・グローバル領域のシニアコンサルタントを担当。

塗布技術を保有するエンジニアの求人需要が急伸

化学メーカーや電機メーカーでは、材料の塗布（コーティング）技術を有するプロセスエンジニアの求人が増えている。電池や回路部材や有機ELパネル、各種センサー、半導体部品の開発において、塗布技術を活用すれば、機能性素材を内包する高性能で小さな機器や装置を、コストを抑えて製造することができる。

一方でこうした技術をもったエンジニアは化学業界に多くはない。均一精度でコーティングする技術は、新卒採用ですぐに代替できる職務でないため、印刷メーカー等の異業界経験者であっても、技術を磨いてきた40代以上の実績あるエンジニアを採用したいという企業が多い。IoT市場に向けて、各社の需要が高いため、求職者にとっては磨き続けてきた技術を成長分野で活用できるチャンスが大きく広がっている。

医薬・医療・バイオ

髙橋 学
医薬品、医療機器、CSO、CRO等、ライフサイエンス・ヘルスケア領域の営業を担当。現在上記領域の営業マネジャーを務める。

増間 大樹
製薬業界を中心とした営業職・専門職、双方のサーチ部門を経験後、ライフサイエンス・ヘルスケア領域のアドバイザー部門のマネジャーを務める。

バイオ分野の経験・技術を求める企業が増えている

バイオ分野に関連する求人が活況だ。医薬や医療メーカーだけでなく、事業ポートフォリオをバイオ関連に広げる企業もでており、年齢を問わず、その分

野の経験を持つ人材を募集している。バイオに携わってきた経験や技術を持つ求職者は、企業の採用ニーズが高いため、より自分の理想を求めて転職するケースが出ている。一例であるが、バイオ関連の品質管理に従事していた40代の求職者は、その技術をより社会に活かしたいとの思いから、総合電機メーカーが立ち上げたバイオ事業の関連部署に転職を決めた。技術派遣企業で、バイオに関連する先端技術を磨いた求職

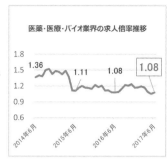

者にも、企業の視線が向いており、活躍のフィールドが広がっている。

消費財・総合商社

深水 洋
企業の中途採用支援を14年経験。現在は、消費財、小売、流通、広告など、コンシューマーサービス部門の営業マネジャーを務める。

飲料メーカーでは、健康食品の開発経験のある人材を募集

大手ビールをはじめとする飲料メーカーでは、飲料以外に事業の多角化を進めており、特に「健康」をテーマとして、食品やお菓子、サプリメント等の商品開発を進めている企業が多い。その際に必要となるのが、食品の開発に携わってきたエンジニアの存在だ。飲料各社では、食品や製薬メーカー等で、健康製品の開発に携わってきたエンジニアを求めており、40代以上も積極募集している。某ビールメーカーでは、大手

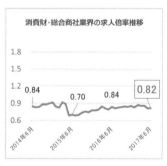

食品メーカーでヨーグルト等の乳酸菌が含まれる食品開発に従事していた40代エンジニアの採用が決定した。今後もヘルスケア領域に事業を拡大するメーカーが多くなると見られ、営業やマーケティングでも積極的に採用が行なわれることが考えられる。

人材・教育

足立 絵美
入社以来、電機・機械・化学業界を担当する営業部で、大手企業を中心としたリクルーティングアドバイザーを務める。現在、技術者派遣業界の最大手を担当。

技術者派遣企業は、40代エンジニア活躍の場が整っている

技術者派遣の人材サービス企業で求人が活況だ。背景にはメーカーを中心に自動車、ロボティクスの開発案件が増えており、それに伴って受注が増えていることがあげられる。そうした中、ある技術者派遣企業では、40代以上の求職者採用を活発に行なっている。開発の一部をまるごと請け負う案件が増えており、委託先企業に出向かなくても、気兼ねなく働くことができる。加えて、マネジメント業務ではなく、生涯エン

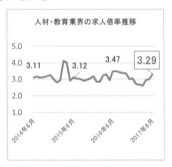

ジニアとして手を動かしたい求職者にとっては、エンジニアとして働く希望を叶えることができ、先端技術に触れることもできる。介護等に伴い、勤務地の配慮をしてくれる企業もあり、ミドルやシニアにとっては、働きやすさとやりがいを両立できる環境が整っている。

マスコミ・広告

深水 洋
企業の中途採用支援を14年経験。現在は、消費財、小売、流通、広告など、コンシューマーサービス部門の営業マネジャーを務める。

広告代理店で、戦略立案とPDCAを回せる人材が求められる

大手広告代理店各社では、広告戦略を立案するストラテジープランナーの募集ニーズが高い。4マス（新聞、雑誌、テレビ、ラジオ）と言われる広告媒体と比べて、インターネット広告事業が成長しているが、その背景の一つとして、広

告効果を測定しやすいことがあげられる。「インターネット広告の受け手（リーチ先）の行動にどのような影響があり、商品購買にどう結びついたのか」情報分析をして、次の広告戦略を考えたり、新商品提案に結びつけられる人材が求められている。同業界から転職が多いのが広告業界の主流であったが、コンサルティング会社で企業の戦略立案の経験を積んできた人材等、異業界からの採用が決定し始めている。

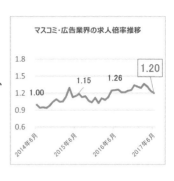

コンサルティング

中山 江利華
IT領域のキャリアアドバイザーとして従事。自身のコンサルファームでの経験を活かし、年齢を問わず年間約100名のコンサルファームへの支援実績を持つ。

ある分野の専門性を持つ人材は、年齢を問わず積極採用

総合コンサルティングファームでは、引き続き採用が活況である。好況を背景に、システム投資や改修に踏み切る企業も多く、案件が増えている。そうした状況を受け、PLM（製品ライフサイクル管理）やMES（製造実行システム）、基幹システムパッケージ等の経験者は年齢を問わず、各社から引く手あまたである。グローバルな環境で最先端の技術に触れられる環境に魅力を感じ、役職者でありながら転職を決意する

40代以上の求職者も出始めている。また、金融業への事業展開やセキュリティ強化、RPA活用等、新しい分野に投資をする企業も増えており、その分野の専門性をもった人材を募集している。専門性を磨き続けてきた求職者には、チャンスが広がっている。

金融

五十嵐 昭幸
金融領域出身で、リクルートキャリアにおいても金融領域を担当。メガバンク・メガ証券・大手生損保をはじめリースや運用会社等、国内/海外問わず様々な企業の中途採用を支援。

狐塚 友樹
金融業界専任のコンサルタント。専門職のキャリアアップに限らず活躍できる異業界への転身も支援。変化が目まぐるしい金融で金融に閉じないキャリアプランを提案。

日系大手生損保会社でアセットマネジメントの求人が出始める

日系大手生損保会社では、利益確保のために、アセットマネジメント経験者の求人を募集し始めている。日銀のマイナス金利政策の導入を背景に、株式や債券といった伝統的資産での運用では安定した利益獲得が難しくなっているため、安定した利回りの確保に向けて投資手法が多様化している。新卒採用が根強い日系大手生損保会社では、多くは見られなかった求人であるが、ある企業では投資専門の部署ができる等、今後

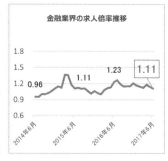

も積極的な採用が予想される。投資各社での資産運用・管理業務の経験者はもちろんのこと、金融機関で業務経験があり、投資分析業務に関心が強ければ、20、30代の若手だけでなく、40代以上でも採用の門戸は開かれている。

建設・不動産

平野 竜太郎
建設不動産領域専任シニアコンサルタント。ゼネコン・サブコン・EPC大手建築、設備、土木、プラント建設技術者に加え、不動産専門職領域までハイキャリア・シニア層まで幅広い支援実績を持つキャリアアドバイザー。

中島 覚
建設不動産業界専任のキャリアアドバイザーを担当。特に、40代・50代のミドル・シニアを中心に、年間300人前後の求職者の転職相談に乗っている。

50歳以上のシニア活用を進めるハウスメーカー

建設業界各社では、相変わらず人手不足が続いており、採用に苦戦している企業が多い。そうした中、大手、中堅問わず、ハウスメーカーやデベロッパーを中

心として、50歳以上のシニアエンジニアを採用する動きが出ている。募集職種としては、ハウスメーカーが手掛けるアパートや賃貸マンションの品質管理に関連した求人が多く、クレーム対応や若手の教育を含めたシニアの経験を評価して、採用に至るケースが増えている。

建設・不動産業界の求人倍率推移

シニア採用という文脈では、67歳での採用事例も生まれている。電気通信事業の企業で働いていた求職者は、その経験と人柄、1級建築施工管理技士の資格等が評価され、監視カメラの設置・メンテナンスのサービスを展開する企業に採用が決定した。働く意欲とともに、体力・気力が充実している50代、60代が多く、65歳の定年退職を迎えた求職者であっても、働ける環境を整える企業が出始めている。

外食・店舗型サービス

深水 洋
企業の中途採用支援を14年経験。現在は、消費財、小売、流通、広告など、コンシューマーサービス部門の営業マネジャーを務める。

流通小売各社では、PBの増収で、商品開発者の採用を強化

コンビニエンスストアやスーパー各社の流通や、生活用品等を扱う製造小売各社では、PB（プライベートブランド）の売上が好調であり、売上比率が伸びている。そうしたことを受け、各社ではPBの開発・製造を強化するという動きがあるが、それに呼応して、商品のコンセプトから製造まで一連の工程を設計・運営できる人材が求められている。

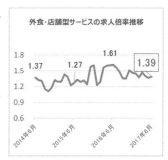
外食・店舗型サービスの求人倍率推移

家具・日常品を扱う企業では、総合家電メーカーで商品開発をしていたエンジニアを、コンビニ大手の企業では、飲料メーカーで品質管理および製造管理に携わっていた経験をもつエンジニアを採用したりと、PB商品の開発を進める領域に対して、専門的な知見と管理スキルのある人材を、年齢問わず採用に踏み切る

動きが出ている。

転職市場は日進月報　2017年7月号（2017年7月12日発行）
本資料は、リクルートキャリアの転職支援サービス「リクルートエージェント」の情報をもとに、報道関係者様向けに編集しました。掲載の数値は、「リクルートエージェント」のデータをもとに、リクルートキャリアが独自に算出したものです。本資料は、作成日時点の情報から作成をしております。経済情勢等により、変更される場合もありますので、予めご了承ください。
編集発行　リクルートキャリア広報部

攻める新規の壁
新規事業創造を加速する"イノベーション人材"争奪戦

※このレポートは、2017年10月度『日進月報』を再掲したものです。

　10月度も、全業界で人材獲得競争が展開されている。今回注目したいのが、新規事業を加速する"イノベーション人材"を巡る採用動向だ。事業のデジタル・トランスフォーメーションとグローバル展開。その戦略を牽引する新規事業（新市場開拓と新サービスの開発）。それらを可能にする"イノベーション人材"の採用強化。実際、これまで異業界の人材採用に積極的ではなかった企業も参戦し、"イノベーション人材"の争奪戦は、過熱の一途をたどっているのだ。IoT新規ビジネス強化に伴うネット企業のモノ作り人材、スマート家電強化に伴う総合電機メーカーのIT人材、ライフサイエンス分野進出に伴う化学／素材メーカーの医薬・知財人材、EC新規ビジネス強化による小売企業のWeb&ロジスティック関連人材の採用……。

　経済がサービス化し（SHIFT）、産業間の境界が融解し（MELT）、新たな価値創造に向け、新たな組織ケイパビリティーを構築（BUILT）しなければならない時代。いかに異能な人材＝"イノベーション人材"を引きつけるか？　明確な未来像（VISION）と職務要件（MISSION）と評価報酬（ASSESSMENT）を示せるか？　今、経営ボードの採用戦略へのコミットメントが試されている。

IT通信
（SIer、ITベンダー、通信キャリア、IT技術派遣、ソフトハウス 等）

井出友理子
新卒入社以来、IT、コンシューマー、不動産、医療、製造業など多くの業界の採用支援に営業やマネジャーとして携わる。新サービス立ち上げ等、企画も経験。

江川理絵
IT業界中心に法人営業・キャリアアドバイザーを経て、約10年間IT領域のマネジャーを担当。毎年1500名以上の転職を支援しているグループを統括。

小林 雄介
入社以降一貫してIT領域のリクルーティングアドバイザーに従事。数名のベンチャーから大手企業までSIerを中心に幅広い顧客の担当を行なっている。

顧客の海外進出に伴う海外拠点強化を進める、ITベンダー／SIer

ITベンダー、SIerの一部企業では、数年前より海外に開発拠点を展開し始めている。理由は主には2点。開発コストを安く抑えられることと、日系企業の海外進出が進んでいるためである。クラウド型ERP導入やセキュリティ対策支援等のニーズがあり、引き続き、人材募集が行なわれている。海外拠点の事業管理やブリッジSEに加え、経理など現地法人のルールにのっとったバックオフィス業務や営業推進等

が求められている。海外での法人立ち上げや海外で勤務経験のある求職者のニーズが高く、家族の事情等から日本で語学や海外の勤務経験を活かして働きたい求職者や、日本語が堪能な外国人等にも活躍のフィールドが開かれている。

インターネット（インターネットサービス、ゲーム 等）

長尾 悠
10年超にわたってスタートアップから大手まで約930名の採用支援を行う、インターネット業界専任のHRソリューションプランナー。

IoT、VR等「無形から有形」「モノ作り」ビジネスを創造するWebサービス企業

　Webサービス／ゲーム企業は、ネットと連動した「家電」「自動車・バス」の開発や、VR技術の消費領域への拡充等、テクノロジーを利活用することで、ビジネスのポートフォリオを広げている。新たな事業領域に進出する際は、その分野のプロ人材を柔軟に採用している。例えば、「無形から有形」ビジネスへ展開する際には、モノ作り経験に長けたエンジニアや、ハードウェアの販売経験のある営業やマーケティング、在庫を伴う会計処理に詳しい経理人材を、異業界から採用している。Webのプラットフォームを介した市場創造の可能性や、多様な人材が協働する組織に魅力を感じ、転職を決意する求職者が多く、各社では、組織長自らが面談で事業の魅力を伝える等、採用に力をいれている。

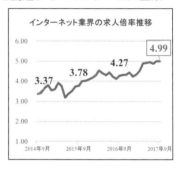

インターネット業界の求人倍率推移

電気・電子・機械

三宅 英之
入社以降、一貫して製造業、特にエレクトロニクス・半導体業界の企業のリクルーティングアドバイザーに従事。100名単位の大規模採用支援を主としている。

竹内 裕子
建材や家具の営業、マンション商品企画等に携わった後、リクルートキャリアに転職。入社以来約10年間、営業職経験者の転職支援を担当するキャリアアドバイザー。

ハードとソフトの連携により、新ビジネス創出に取り組む、総合電機メーカー

　総合家電メーカーは、ハードウェア製品の開発だけでなく、ソフトウェアと組み合わせることで、新たなビジネスモデルの展開を目指している。例えば、車載、

医療機器等で使用されるカメラや、家電とAIをつなげたスマートホーム等、デバイスから取り込んだデータを、クラウドやモバイルとつなげることで、商品の付加価値を生み出そうとしている。こうした動きを加速するために、WebやITサービスに従事していたエンジニア採用を急いでいる。加えて、新市場に進出する場合、車載を例にとると、製品の安全基準、セールスにおいても販売先等が異なるため、その分野に

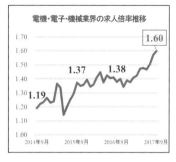

詳しいエンジニアや営業の採用を強化している。いずれも、業界の壁を越えた採用となるため、いかに新しい事業の未来やビジョン、入社後の役割を求職者に明確に伝えることができるかが、採用の鍵となっている。

化学

羽田野 直美
製造業エンジニアのキャリアアドバイザー、新卒理系学生・ポスドクの就職支援を経て、素材・エネルギー・電気業界のハイキャリア・グローバル領域のシニアコンサルタントを担当。

川上 典子
入社以来一貫して製造業マーケットにて、法人営業として大手から中小まで幅広いお客様の採用支援を担当。

ライフサイエンス領域への進出を加速する、化学／素材メーカー

化学メーカーや素材メーカーは、EV（電気自動車）におけるリチウムイオン電池、次世代太陽電池や有機EL等、成長が見込まれる素材開発だけでなく、化粧品や医療等、ライフサイエンス分野の新しい市場にも活路を見出している。こうした動きを背景に、医薬品メーカー、バイオ医薬メーカーで研究開発、生産技術、品質管理等に携わっていたエンジニアや、知的財産業務の経験を持つ人材を求めている。

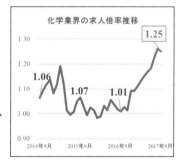

また、ICTやAIを活用した事業の立ち上げや、工場の自動化を図るために、新規事業の企画を担っていた人材を募集している。新卒文化が根強い化学業界も、中途採用に力を入れ始めたが、競争は過熱しており、異業界を含めた競争に勝つための採用力、社内制度の整備も含めた改革が必要とされる。

医薬・医療・バイオ

髙橋 学
医薬品、医療機器、CSO、CRO等、ライフサイエンス・ヘルスケア領域の営業を担当。現在上記領域の営業マネジャーを務める。

増間 大樹
製薬業界を中心とした営業職・専門職、双方のサーチ部門を経験後、ライフサイエンス・ヘルスケア領域のアドバイザー部門のマネジャーを務める。

新製品開発と海外への販売展開を進める、医療機器メーカー

医薬機器の製造販売を行なう企業は、多様化する医療現場のニーズに応えるために、検査機器をメインに製造していたメーカーが、その技術を活かして治療機器を開発する等、新製品の開発を進めている。日本の高機能機器は、医療インフラが未発達ながらも、生活習慣病等の増加を背景に、医療サービスが求められているアジアの新興国を中心に、海外からも需要があるため、積極的な海外展開を進める企業が出始めている。

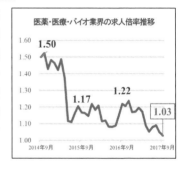

海外拠点の創設や現地代理店との提携等、新市場に進出するにあたり、各社は、メーカーや外資系企業等で、海外マーケティングや営業経験のある人材や、機器メンテナンスを行なうエンジニアを求めている。"命を救う"という社会性貢献性に惹かれ、ミドル層で異業種から転職する人材も多くいる。

消費財・総合商社

深水 洋
企業の中途採用支援を14年経験。現在は、消費財、小売、流通、広告など、コンシューマーサービス部門の営業マネジャーを務める。

西村美香
法人向け中途採用支援に従事して4年。現在はコンシューマーサービス業界（教育・小売・食品）において、年間採用50名以上を採用する顧客を担当。

ECサイトの販売強化とECと連動したビジネスを展開する小売各社

インテリア・雑貨を販売する小売企業は、Webサービス企業に対抗すべく、ECサイトの販売を強化している。それに伴い、ECサイトの企画・ディレク

ターや情報システム部門の人材を募集している。ECビジネスを拡大するにあたっては物流との連携が不可欠であることから、ロジスティクス経験のある人材を、また、ECと連動した広告事業を強化するべく、広告宣伝の企画PRを立案できる人材も求めている。加えて、海外展開を加速するべく、出展交渉や、建築工事の発注、施工管理ができる建設エンジニアを必要としている。求職者にとっては、身近な商材であ

り、自社で製品を製造していることから、企画や開発等の上流工程に携われることに魅力を感じ、異業種から転職を決意する人も多い。

人材・教育

唐澤みづほ
年間100名以上を採用するサービス業界を中心とした「リクナビNEXT」の大手法人営業を経て、4月よりコンシューマーサービス業界のリクルーティングアドバイザーに従事。

西村美香
法人向け中途採用支援に従事して4年。現在はコンシューマーサービス業界（教育・小売・食品）において、年間採用50名以上を採用する顧客を担当。

ICT活用オーダーメイド教育など、新ビジネス開発を進める、教育関連企業

教育関連の企業は、進行する少子化や、政府の教育プログラム変更の流れを受け、新事業を展開し始めており、中でも、テクノロジーを活用したサービス開発は、一つのテーマとなっている。プログラミングを活用した「ものづくりの教室（ロボット、アプリ等）」といった、ITスキルを直接学べるものから、WebやSNSを活用した、オーダーメイドの教育支援プログラム、対象を保護者に広げ、教育や子育ての情報

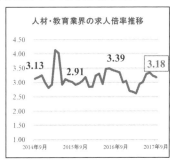

提供に留まらない、親同士の情報交換を可能としたサービスの提供など、その範囲は多岐にわたる。ネットビジネスの経験を有する、事業企画やエンジニア、Webデザイナーだけでなく、ビジネス拡大に伴い、地方拠点でも教室を展開し、教室長等、スタッフの採用を強化している。

マスコミ・広告

深水 洋
企業の中途採用支援を14年経験。現在は、消費財、小売、流通、広告など、コンシューマーサービス部門の営業マネジャーを務める。

デジタル領域のビジネス強化と、多角化経営を進める、マスコミ企業

広告代理店各社では、4マス（新聞、雑誌、ラジオ、テレビ）の売上が伸び悩む中、デジタル領域のサービスを強化している。ネットメディアと連動させた広告展開だけでなく、その効果分析や調査等から課題解決や企画提案を行なうコンサル事業にまで領域を広げている。

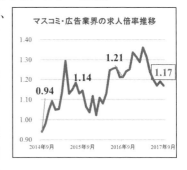

テレビやラジオ等のメディアも、本業の放送だけでなく、デジタル事業やイベントや不動産運営等、事業の多角化を進めている。こうした流れを受け新卒採用から人材を育てるだけでなく、中途採用で、金融やコンサル等、専門家知識をもったプロフェッショナル人材の採用を強化することで、従来の広告ビジネスモデルからの脱皮を急いでいる。

コンサルティング

小磯 徳幸
地方自治体向けシステム開発、業務コンサルに従事後、リクルートキャリアへ転職。キャリアアドバイザー、リクルーティングアドバイザー、コンサルタント等、幅広く採用に関わる。現在はコンサルタント、企画職の方々をメインに転職活動をサポート。過去1000名を超える転職を支援。

「戦略策定」から「実行支援」までサービスを拡充するコンサル企業

コンサルティングファーム各社は、クライアント企業の課題解決に留まらず新規事業・サービス立上げ、共同出資による企業設立など、コンサルティングとしての最終アウトプット形態が多様化している。また、1社単独での支援ではなく、

複数のコンサルファームが支援しているケースもめずらしくない。昨今のプロジェクトにおいては、事業上の競合から協業し合うという、新しい事例が発表されている。AIやIoT、ロボティクス等の成長が見込まれる領域においては、M&Aや提携によって、コンサルティングファームにはない専門性や技術力を取り込む傾向にあったが、社内に専門家を置き、内製化する動きも活発化している。実際に、早期活躍を

実現している中途社員の事例も多数見えてきており、異業種・職種未経験からの採用をさらに強化している。

金融

佐川 啓子
中途入社以来、金融業界にて生命保険会社や信託銀行を中心にリクルーティングアドバイザーとして採用支援に従事。

健康寿命の延伸とリスク多様化に伴い、IT新サービスを開発する保険各社

生命保険会社では、病気になった時の経済補填のサービスから、スマホやウェアラブル端末を通じて、生活習慣データを蓄積し、健康状態によって保険料を定める「健康増進型」の保険に力を入れ始めている。それに伴い、アプリやWebサービスの開発経験があるエンジニアを積極募集している。

損害保険各社は、「サイバー保険」等、ITの普及によって多様化する、新たなリスクに対応

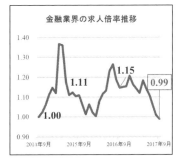

した新商品の開発を進めている。デジタル領域で戦略立案経験をもつコンサルタントや経営企画の人材を求めており、高年収を提示している。求職者にとっては、保険という商材の安定性や、次世代マーケットの開発に携われることにやりがいを感じ、転職を決意する人材も少なくない。

建設・不動産

平野 竜太郎
建設不動産領域専任シニアコンサルタント。ゼネコン・サブコン・EPC大手建築、設備、土木、プラント建設技術者に加え、不動産専門職領域までハイキャリア・シニア層まで幅広い支援実績を持つキャリアアドバイザー。

箕輪 真人
建設・不動産領域においてサーチコンサルタント及びキャリアアドバイザーとして豊富な知識と実績を持つ。近年は建設業における女性活躍推進にも取組み、労働環境改善を目的とする転職サポートに強みを持つ。

"脱請負"を掲げ、新たな収益基盤の確立を目指す、ゼネコン各社

大手や中堅ゼネコン企業は、"脱請負"を掲げ、より収益を生み出そうと、事業の多角化を進めている。PFIはその一つで、空港や市役所等の公共施設のリニューアルや周辺の再開発や、施設運営権の取得・施設の維持管理を民間で行なうことで収益を上げるビジネスモデル（コンセッション事業）を拡大させている。こうしたPFI事業や都市圏での大規模再開発の経験を持つ人材は、企業の採用ニーズが強く、管理職

待遇での採用成功事例も生まれている。これまでも時流にあった再生可能エネルギー事業における建設プロジェクトの参画なども目立ったがポスト東京五輪に向けたビジネスの種まきを始めている。今後、こうした流れを受けて、異業種からの採用も増えることが予想される。

外食・店舗型サービス

川添裕佳
法人向け中途採用支援に6年間従事。現在はコンシューマーサービス業界(広告・消費財等)において、年間100名以上を採用する顧客を中心に担当。

唐澤みづほ
年間100名以上を採用するサービス業界を中心とした「リクナビNEXT」の大手法人営業を経て、4月よりコンシューマーサービス業界のリクルーティングアドバイザーに従事。

顧客ニーズの多様化に伴い、サービス開発を進める、中古車販売企業

中古車販売ビジネスを展開する各社は、変革の時を迎える車業界にあって、新

サービスを次々と打ち出している。店舗販売だけでなく、ネットオークションやフリマアプリのような「C to C プラットフォーム」の運用や、定額の支払いで好きな車が乗り放題の「月額制サービス」、目的に合わせ、アウトドア車や高級車を借りられる「レンタルサービス」等、顧客の志向に合わせて多岐にサービスを展開している。新店舗の店長候補や営業職はもちろんのこと、ネットビジネスを加速するために、Webサービスの開発経験者も積極採用している。他業界を含めて加熱する転職市場において、採用に成功している企業は、全員一律でない人事制度の改革、経営者自らが採用現場で求職者にビジョンを伝える等、従来の採用にとらわれない、本気の採用を行なっている。

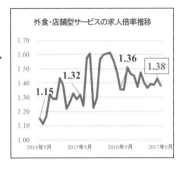

転職市場は日進月報　2017 年 10 月号（2017 年 10 月 12 日発行）
本資料は、リクルートキャリアの転職支援サービス「リクルートエージェント」の情報をもとに、報道関係者様向けに編集しました。掲載の数値は、「リクルートエージェント」のデータをもとに、リクルートキャリアが独自に算出したものです。本資料は、作成日時点の情報から作成をしております。経済情勢等により、変更される場合もありますので、予めご了承ください。
編集発行　リクルートキャリア広報部

トップ・コンサルタントが語る
ハイキャリア・グローバル人材の胎動

※このレポートは、2018年2-3月に配信されたご登録者向けメルマガを再掲したものです。

コンサルティング・ファーム業界

コンサルタント／稲垣礼仁
約30年以上、人材領域に携わり、IT・コンサルティング領域を得意とする。転職支援人数は1000人を超え、ファーム to ファームはもちろん、ポスト・プレファームキャリアなど広くキャリア構築を支援。国家資格キャリアコンサルタント保有。

コンサルティングファームで最先端のITとビジネスモデルの知見を手に入れる

「日本にいながら、世界最先端のビジネスモデルやテクノロジーの知見を得たい」――そんな思いが実現できるのが、「コンサルティングファーム」です。

今、大手コンサルティングファームでは「ITコンサルタント」を中心とした採用が活況。年間で数百名規模、中には1000人以上を迎え入れる企業もあります。

IT業界からは、プロジェクトマネジャークラスはもちろん、開発現場のエンジニアクラスも含め、コンサルティングファームへの転職事例が増えています。

また、ITの知見がまったくない異業種の若手にも門戸が開かれています。

その背景にあるのは、業種・規模問わず活発になっている「グローバル展開」。人口減少によって国内マーケットが縮小に向かう中、各種メーカー・金融・流通など、あらゆる業種の企業が海外マーケットに打って出ようとしています。

そこで立ちはだかるのが、各国の法律や規制、商習慣といった壁です。自社で正確な情報を集め、対処するのは非常に難易度が高い。そこで、世界中に拠点展開するコンサルティングファームの知見に頼る状況となっています。

もちろん、AI（人工知能）／ロボティクス／IoTといったキーワードが存在感を強める中、これまでのビジネスモデルにいかに取り込んでいくかを模索するにあたり、コンサルの力を必要とするケースもあります。今、コンサルティン

グファームに転身している人たちが、どんな点にメリットを感じて決断しているのかをご紹介しましょう。

SIerからコンサルへ──「戦略」の段階から支援する力を付ける

SIerからコンサルファームに転職する皆さんからは、こんな声が聴こえてきます。

「海外進出を図る企業はまずコンサルティングファームに依頼し、そこで方向性が決まった後、次の段階でSIerに開発案件が下りてくる構図となっています。自分としては、要件定義が済んだものを作り込むだけでなく、戦略の段階から携わり、顧客の課題を本質の部分から解決したい。そのノウハウを身に付けたい」

コンサルティングファームとしては、戦略策定の経験がなくても、ITの知見がある人材を求めています。もともとITを活用したソリューションを強みとするファームはもちろんのこと、戦略系や監査法人系のファームも、クライアントの課題を解決しようとすると高確率で「IT導入」に行き着きます。そこで、戦略系や監査法人系ファームでもIT人材を積極採用しています。

IT業界出身者にとっては、さまざまなタイプのファームから選択できる環境。
「上流だけを手がけたい」「開発現場と上流、どちらにもスイッチできるほうがいい」など、志向や将来のキャリアプランに応じて選ぶことができます。なお、SIerで年収800万ほどの方であれば、1000万〜1100万にアップするケースが多く見られます。

広い業界出身者が「業界経験」を活かしつつ、ITを学ぶ

IT業界以外──メーカー、金融、流通、官公庁など、さまざまな業種出身の20代を「ポテンシャル」を重視して採用する動きも活発です。

コンサルティングファームのクライアントの業種はさまざま。最終的にはIT導入で解決するにしても、そこに至るまでには、「業務改善のコンサルティング」というフェーズがあるため、そこで「業界知識」「業務知識」を活かせるという

わけです。

これまでの業界経験を活かしつつ、ITの知見を身に付けることが可能。実際、メーカーで設計を担当していたエンジニア、金融業界の営業職、流通業界の店舗マネジメント経験者など、幅広いバックグラウンドの人が採用されています。

若手の場合、選考で注目されるポイントは「これまでの仕事で、自分なりの工夫をしてきた人物かどうか」。上司の指示に従って業務をこなしてきた人よりも、主体性を持って自分の頭で考えて取り組んできた人が望まれており、そうした姿勢が職務経歴書の中で感じられる人が面接へ進んでいます。

ファームtoファームへの転職で、理想のスタイルに近づく

もちろん、コンサルティングファーム出身者も歓迎されます。

ファームtoファームの転職では、年収100万程度のアップとなる人が多く、最近ではSAP経験を持つ方が900万円→1200万円にアップしたケースも見られました。

多くのファームでは、パートナーやマネージングディレクターのもとでプロジェクトを遂行するスタイルですが、「自分が目指す方向性や価値観に合う人のもとで働きたい」という動機で別のファームに転職を図る人も見られます。

こうした、ファームtoファームの転職におけるマッチングも、私たちエージェントが得意とするところ。

「方針に共感できるパートナー／マネージングディレクター」を見つけ出すことは、いかに人脈が広いコンサルタントといえど、限界があります。

私たちは日々、多くのパートナー、マネージングディレクターの方々と話す機会があります。中には、現在のミッションを遂行しつつ、「実はこんな理想を持っていて、こんなことがやりたい」と、エージェントに転職相談に訪れている方もいらっしゃいますが、そうした情報はもちろん公になっていません。

私たちがお聞きしている、さまざまなパートナー／マネージングディレクターの方々の考え、目指す方向性をお伝えすることで、「自分に合うかどうか」の判断材料にしていただきたいと思います。

ビジネスの「最先端」を経験することで、その先のキャリアが広がる

あるグローバルコンサルティングファームでは、日本の市場は世界でもトッ

プクラスにあり、1つ上位にある欧州の市場を抜くのも間近、と言われています。日本のコンサルの市場には伸びしろがあるのです。

少し前まで、コンサルティングファームは戦略提案書を数千万円で提供し、「実行するならSIerに依頼してください」というスタンスが多く見られました。

しかし今では手がける領域が広がっています。上流のみにこだわるファームもありますが、開発部隊を自社で抱え、上流から下流まで一貫してサービスを提供するファームもあります。一方、最先端のテクノロジーへの取り組みとして、クライアントであるメーカーと共同で研究室を設け、共同開発を行なう動きも見られます。

ファーム内の体制に目を向けると、これまでセクション内でプロジェクトを完結するスタイルが主流だったのが、横の連携を強化し、「組織横断」スタイルにシフトする動きも見られます。コンサルタントは自身の得意領域を活かして他セクションのプロジェクトにも携わり、より高い価値を発揮できるのです。

今は、産業構造が大きな変革を迎えている時期。これからの未来を形創る世界最先端のビジネスモデル、その実際の成功パターンをもっとも詳細に把握しているのが、コンサルティングファームといえます。

将来的に、「事業会社の経営幹部」というキャリアを描いている方にとっても、最先端の知見と経験を積み上げられるコンサルティングファームは、有効なキャリアパスの一つといえるでしょう。

半導体業界

シニアコンサルタント／杉山友章
約25年にわたり電機・自動車・通信・半導体・ITなどテクノロジー領域を担当。高度研究員、次世代技術開発関連（IoT/M2M/SmartX/V2X/ロボティクスなど）の転職サポートを得意とする。

半導体業界の採用が活況。「戻りたい」人にも「トップを目指す」人にも今がチャンスの時期

「過去最高益を更新」

このところ、経済紙では半導体関連会社の好調を伝える記事が多く目につきます。「シリコンサイクル」と呼ばれるように、半導体分野は3～4年スパンで好況・不況の逆転を繰り返してきました。しかし、現在の好況期はこの先も長く続くと見られ、「スーパーサイクルに入った」との声が上がっています。

半導体メーカーから製造装置、半導体向け材料、EDAベンダーまで、全方位の業種が好調。好況に伴い、人材採用も活発化しています。その背景にあるのは、半導体業界の「すそ野の広がり」です。

まず、半導体の用途が広がってきました。一時期は携帯電話やスマートフォンの生産に大きく業績が左右されていましたが、今では、車載システム向けが伸長。ほか、IoT、ロボティクス、データセンター、医療・ヘルスケアなど収益源が拡大しています。

プレイヤーの幅も広がってきました。半導体専門企業や電機メーカーの半導体部門に限らず、自動車メーカー、IT企業、ネット企業など、幅広い業種が半導体の内製化を図っているのです。つまり、半導体エンジニアを採用する企業の数が格段に増えているということ。その中にはもちろん、世界トップクラスのグローバル企業も含まれています。

そこで、今、どんな人にどんな転職チャンスがあるのかをご紹介していきます。

ニーズ沸騰のプロセスエンジニア。「3年ブランク」でも元の年収レベルで業界復帰

2008年～2014年にかけて、国内半導体業界は「冬の時代」を過ごしました。大手企業の中には数万人の従業員を半数以下に削減した企業も。この時期、「この業界は先行きが不安」、あるいは「半導体業界に居続けたいが転職先がない」と、多くの半導体エンジニアが業界を去っていきました。

ところが2014年から半導体業界が再び盛り上がり、各社は今、人員削減・採用控えの反動で人材不足に陥っています。中には数百人規模の採用を打ち出している企業も。そこで、異業界に散らばった半導体エンジニアたちを呼び戻す動きが活発化しています。

特に、プロセスエンジニアに関してはニーズがひっ迫した状況。

ブランクがあっても、それ以前の実績とブランク期間によっては採用対象となっています。もちろん個人差がありますが、3年程度以内のブランクであれば採用に至るケースが多く見られます。

「最先端領域なのに3年も離れてしまっては通用しないのでは」と思われるでしょう。確かに通常であれば、3年もブランクがあると書類選考を通過できませんが、今は「最新技術は入社後の研修でアップデートしてもらえば可」として受け入れています。

「やはり自分は半導体エンジニアでいたい」と願う方にとっては、もう一度最前線に立てるチャンスが巡ってきているのです。例えば、40歳前後で3～4年前に早期退職制度により退職、異業界に転職して年収800万円から600～700万円に下がったけれど、半導体業界に再転職して年収も元に戻っている——そんなケースがあちらこちらで見られます。

　冬の時代に憂き目にあった皆さんにとっては、今後の業界の発展性への不安がぬぐいきれないかもしれません。しかし、世界の半導体業界の平均成長率は年5～7％で推移しています。日本企業は一時期、戦略を誤りましたが、海外に目を向けると成長を続けている企業が多数見られます。

　特に今ホットなのが自動車分野。グローバルで開発競争が激化しているコネクテッドカー（常時インターネットにつながっている車）や電気自動車（EV）などには膨大な量の半導体が搭載されます。
　2017年11月、EUが自動車の環境規制に関してCO_2削減目標数値をさらに厳格化したこともあり、EV開発へのシフトはさらに加速するでしょう。また、IoTやロボティクスに関しても、様々な分野に用途が広がっていきます。

　これまでのように、「構造不況に陥るとエンジニアが行き場を失う」ということはなくなるのではないかと思います。半導体エンジニアの経験を活かし、「渡り歩く」転職が従来以上にしやすくなる。そのためには、まさに今のタイミングで業界に戻るのが得策といえます。

　もちろん、今、半導体業界にいる方にとっても、今後成長する分野や企業でキャリアアップ、年収アップを目指すなら、今の選択が重要です。
　特に、メモリ分野の方は、転職を検討するならなるべく早いタイミングで動くことをお勧めします。来年くらいまでは今の活況が続くと見込まれますが、ロジック系・アナログ系と比較すると早く需給バランスの崩れが訪れ、人材採用が縮小する可能性があります。将来に向けて自身の価値を高める経験を積むなら、早いうちに決断したほうがいいでしょう。

「ユーザー側」が価値の差別化のため自社開発へ。異業種大手にトップクラスの半導体エンジニアが集結

　もう一つの変化は、「ユーザー側」が半導体の自社開発を本格化させているということ。AI ／ IoT 時代の到来により、デジタル製品メーカー、自動車関連メーカーのほか、IT・ネット企業でも自社製品・サービスの開発に取り組んでいます。各社は、他社が追随できないサービスを生み出すために、独自開発の必要性を感じています。例えば、グーグルの翻訳機能の精度が飛躍的に向上した背景には、ディープラーニング（深層学習）専用プロセッサ「TPU」の自社開発がありました。直近では、海外のビットコインのマイニング企業が半導体チップの開発に莫大な資金を投入する動きも散見されます。

　半導体業界にとっては大クライアントである世界トップクラスの某企業も、実は「隠れた半導体メーカー」。日本にも半導体開発拠点を設けて設計エンジニアを集めており、すでに 100 人近くのトップエンジニアが集結しています。こうした動きが、様々な業種・企業で広がってきました。外資系企業からは、年収 1500 万～ 3000 万円で迎えたいとする求人も寄せられています。

　今現在、半導体企業で活躍しており、社内評価も上々。でもこれ以上目指すものがない……という物足りなさを感じている方が、新たなチャレンジとキャリアアップのチャンスを得て、転職を果たしています。

　半導体設計においては、コスト面を重視する傾向が強くなっていましたが、「性能に価値がある」という考えが再び広がりつつあります。
　トップシェアを握る半導体メーカーの製品を「使わせていただく」時代は終焉へ。EDA ツールの進化、オープンソース化に伴い、新規参入業者でも高性能の製品を開発できる環境となっています。

　「最先端」を志向するエンジニアにとっては、今は選択肢が増えている状況。情報収集に動いてみると、思いもよらなかった活躍の場が見つかる可能性があります。ぜひとも、このチャンスの波をつかんでいただきたいと思います。

自動車業界の採用の「今」と「これから」

シニアコンサルタント／所　寿紀

在アメリカ日本大使館にて勤務、帰国後、大手半導体メーカーの商品企画課にての商品企画、技術営業を経験。リクルートキャリアに入社後、技術専門領域のキャリアアドバイザー、関西大手企業の営業を経て、東海圏の製造業担当サーチコンサルタントを担当。現在は、東京本社にて自動車専任のシニアコンサルタントとして、ハイキャリア領域のコンサルティングを行なう。

次世代自動車の価値向上を目指す自動車業界。新たな採用ターゲットはWeb系エンジニア

　自動車業界といえば、一昔前までは主に機械系エンジニアの職場でした。しかし、次世代自動車の開発が進むにつれて、電気・電子、化学、ソフトウェアと、幅広い領域のエンジニアが集まってきています。

　自動運転の開発が実用化に向けて加速していく中、自動車の「目」となる画像認識のアルゴリズム開発、「手足」となる制御システムの開発といったポジションでの採用が活発化しました。

　特に、家電・民生の領域からの転職者が多数。「自動車は莫大な投資のもと技術革新が進んでいく。市場が大きく、社会にインパクトを与えられる」という点に魅力を感じ、2016年〜2017年にかけて多くのソフトウェアエンジニアが自動車業界に移っていきました。

　一方、「コネクティッド」の領域でも新たな人材ニーズが発生しています。

　車のセンサーがインターネットに接続されることで、車は人、クラウド、インフラ、他の車など、あらゆるものとつながる「ネットワーク・プロダクト」へと進化していきます。これに伴い、ネットワークインフラ開発、無線通信開発、セキュリティー開発などの採用が進んでいます。

これから求められるのはサービス開発を担うWeb系エンジニア

　では、これから自動車業界が求めるようになるのはどんな人材か。

　それは、コネクティッドカーの価値を高めるためのサービス開発を担う人材です。

　コネクティッドカーが提供する機能の一例を挙げると、シンプルなところでは、走行中に近隣のレストランを探す、目的地に向かう途中に席やチケットの予約ができる、燃料が少なくなったら近くのガソリンスタンドへ自動的に案内する、な

ど。
　そしてさらに進化を遂げていくと、車中での会話などをもとにドライバーや同乗者の好み・希望を把握し、それに合う目的地を提案してくれるようにもなります。
　コネクティッドカーは、ドライバーが自主的に操作をしなくても、音声、体温、心拍数、スピード、現在地情報などを取得し、データセンターに蓄積。データマイニングによってドライバーの意図や状態を分析・推定できるため、どんなアプリケーションにつなげていけばいいかを考えられる人材が求められています。

　自動運転が進化するほど、車は「交通手段」だけでなく「自分らしく過ごす空間」となっていきます。そこで何ができるかを考え、サービスとして実現していく人材のニーズはこれから顕著に表れてくるでしょう。今は「サービス開発」などの名称で呼ばれていますが、新たな職種名が生まれてくるかもしれません。
　そして、これを担う人材要件として挙げられているのは、インフラ領域もしくはWebアプリケーション領域で高い専門性を持っている方。そして、自ら手を動かして構築ができる人です。多くの部署と協力して推進する必要があるため、組織を横断しての連携力、根回し力、調整力なども重視されます。
　最近では、大規模ECサイトでプラットフォームの構築を手がけていた方、ミドルウェアやUI/UXの知見を持ちゲームの開発を手がけてきた方が完成車メーカーに迎えられました。

「環境・風土が違うのでは？」の不安は解消されるのか

　このように自動車業界にとってIT系人材の獲得は必須の命題となっています。しかし、IT業界に身を置く方にとって、メーカーは未知の世界。「環境」「風土」が大きく変わることへの不安の声が聞こえてきます。実際はどんな状況なのでしょうか。

「ITの開発環境は十分に整っているのか？」

　これについては、正直なところ、IT業界に比べて遅れをとっています。しかし、遅れているがゆえに柔軟に導入していく姿勢があるようです。実際にIT業界から完成車メーカーに入社した方にお話を伺ったところ、「○○がまだ導入されていないことに驚いたが、提言するとすぐに導入してもらえた」とのこと。投資には積極的であるため、エンジニアが「必要」と声を上げれば、その判断が尊重され、叶えられるということです。「自分たちで理想の環境を創り上げていきたい」という方には、むしろ面白い環境といえそうです。

「本社のある地方に移住しなければならないのでは」

　どの会社も首都圏に拠点を持っています。「IT人材の採用がしやすい」という背景もありますが、最先端の情報を求めるエンジニアたちが、それを入手しやすい環境に身を置けることを重視しているのです。ただし、車の走行テストコースは本社にありますし、キャリアを積んでいくプロセスで、いずれ本社勤務を命じられる可能性はあるでしょう。

「堅い習慣や制度に縛られないか」

　テレビなどで目にする「メーカー」の様子から、制服を着なければならない、朝礼では全員でラジオ体操、勤務時間が厳密に決まっている……など、堅苦しいイメージを持っている方も見受けられます。実際には「朝8時にラジオ体操」といった実情はありませんし、服装も自由です。勤務時間についてもフレックスタイム制の職場が多いようです。

「体験を設計する」ことで、価値を創出する

　2035年、発売される新車の9割以上がコネクティッドカーになるという予測があります。その頃には、車はパーソナライズされ、所有者にとって、より愛着あるパートナーとなっています。

　そうした次世代に向け、幅広い業種が自動車業界に参入しています。「今後車のマーケットを制するのは自動車メーカーではなくグーグルなのでは」などという声もあります。実際、車の購入やシェアリングサービスの利用にあたり、グーグルのプラットフォームが搭載された車を選ぶ消費者も多くなるのではないでしょうか。

　そうした中で、自動車メーカーの優位性は、UXに対する姿勢にあると考えています。ドライバーやその家族が満足できる「ユーザー体験」をいかにして提供するか。それを重視して仕様を創っていけるのは、やはり自動車メーカーならではといえるでしょう。

「体験を設計する」ことで、ユーザーを満足させ、ファンを増やしていくこと、自分が手がけた車が街中のいたるところで目にできること——それが次世代自動車の開発に携わる醍醐味だと思います。「第一人者」

となれる今、業界を飛び越えて新たなキャリアを開拓してみてはいかがでしょうか。

化学業界

最高益を更新する企業が続出する化学業界で今求められている人材とは？

シニアコンサルタント／羽田野　直美
電機メーカーにて電池の研究開発を9年行なったあと、リクルートキャリアに入社。化学、エネルギー、電機などのテクノロジー領域を担当。次世代技術開発関連の転職サポートを得意とする。

大手化学メーカーの「中途採用」に変化
研究開発求人が大幅増加。異分野出身者を歓迎。IT人材のニーズも好調な化学業界。以前は見られなかった「中途採用」を積極化

　2017年、大手化学メーカーでは最高益を更新する企業が続出。為替相場がプラスに影響したほか、半導体や車載向けのマーケットが活性化したことで化学業界も恩恵を受けています。各社はグローバルに展開しているため、アジアの活況も追い風となっています。

　そうした中、大手化学メーカーの採用に「異変」が起きています。

　それは「新卒至上主義」が崩れつつあるということ。私は15年ほど、化学・自動車・電機などの領域の中途採用に携わってきましたが、化学メーカーによる中途採用はごく限定的でした。大学の研究室のつながりから新卒を採用して育てる文化が根付いており、ずっと揺るがなかったのですが、ここに来て中途採用を強化する動きが活発化しているのです。

　そこには「変革しなければ」という意識の高まりが見てとれます。

　今、化学各社は生き残りのために事業領域の拡大を図り、M&Aも推進しています。手を結ぶ相手は異分野の業種とあって、自社とM&A先をつなぐ人材の確保が必要となります。そこで、これから乗り出そうとしている事業領域の経験を持つ即戦力人材のニーズが爆発的に増えているのです。

　「基礎研究を手がけ、最先端を追求したい」という志向の方、「最終製品に携わり、自分が手がけたものが世の中で使われている様子が見たい」という志向の方、いずれにも可能性が広がっています。

では、今求められているのはどんな人材か、キーワードを挙げてみましょう。

エレクトロニクス・自動車分野の研究開発職

自社の得意分野を伸ばす、あるいは異分野を強化するために、その領域の研究開発経験者を求めています。以前は研究開発職の求人は稀少でしたが、2年ほど前から増え始め、現在は豊富な選択肢があります。

特に半導体、車載分野が多く、バイオの求人もあります。なお、大手化学メーカーは給与水準が高め。国内電機メーカーなどから移る場合、年収アップとなるケースが多いのです。

電池経験者は60代も選考対象

自動車業界のEVシフトに伴い、電池分野の即戦力人材が枯渇状態。電池の経験者は、50代の方も続々と転職に成功しています。企業側には60代の方でも積極的に選考する意欲があります。

半導体プロセス、プリント基板経験者はブランクがあってもOK

半導体業界が好調であり、半導体プロセスの経験者を求める化学メーカーも増えてきております。またこれまでプリント基板の素材のみ扱っていた化学メーカーが、最終品まで手がけるケースもでてきています。半導体市況が冷え込んでいた頃に半導体業界を離れた方でも、3年程度以内のブランクであれば迎えられる可能性あり。

採用層の変化

不況期に新卒採用を手控えていたことから、組織の年齢ピラミッドを整えるために、ミドルマネジメント層、スペシャリスト層を積極的に採用しています。

アジアでのビジネス経験者

顧客はアジアが中心。台湾、韓国、中国などとのやりとりを経験していた方は重宝されます。

計算化学

　これまで「実験化学」が主流だったところ、コンピュータの進化により「計算化学」を活用する動きが出てきています。10年前にはまったく求人がなかったのが、今では化学、電機、自動車の大手メーカー各社が求めています。大学などアカデミックの方が採用され、年収が倍にアップするといった事例も生まれています。

品質管理

　2017年、化学ほか各種工業系メーカーで性能データや検査データの改ざんが発覚しました。各社、気を引き締め、品質管理体制を強化。新たな部署を新設する企業も見られます。品質管理のプロであれば、異業界出身者も採用対象となっています。

生産技術

　常に人材不足の状態。化学業界での生産技術経験者を求めています。今なら大手企業に転職し、年収アップ・キャリアアップが実現できる環境。実際、年収100万〜200万円アップした転職事例があります。就職氷河期に志望企業に入れなかった方が「リベンジ転職」を果たすチャンスといえるでしょう。

化学業界から自動車・エレクトロニクス業界への転身チャンスも

　逆に、これまで化学業界で経験を積んだ方々が、異業界に移るチャンスも広がっています。
　例えば、「川下に移り、全体像を見渡したい」と、半導体業界へ。自動車業界へ移る方々からは、「最先端素材を取り入れることで、車のデザインの革新に携われる」「最終製品を手がけ、街中で走っているのを見たい」といった声が聴こえてきます。

「製造業×IT」の経験を活かし、ダイナミックな仕事ができる

　大手化学メーカーでは、IT人材も求めています。
　各社が積極的に取り組むのが「スマートファクトリー」化。工場内のあらゆる機器をネットに接続することで稼働状況を把握し、蓄積したデータをもとに効率的な稼働を目指すものです。化学メーカーはコンビナートという巨大な設備を擁するだけに、スマートファクトリー化の効果は多大。ダイナミックなプロジェクトに関われる面白みがあります。

企画力、プロジェクトマネジメント力が必要とされるため、製造業に関わっていたITコンサルタントやプロジェクトマネジャークラスの方が採用対象。特に、メーカーからITコンサルタントに転身し、コンサル経験を経て再び実業に戻りたいと考えている方にとっては、うまくマッチングする可能性が高いでしょう。

——化学業界の採用活況ぶりをお伝えしてきましたが、この状況がこのまま続くとは限りません。今あるチャンスを逃さないよう、今年中に行動を起こしてみてはいかがでしょうか。

デジタルマーケティング業界業界

メーカーによるデジタルマーケ求人が増加。 新部門立ち上げ、新規事業を担うチャンスも

シニアプロフェッショナル／内堀 由美子
デジタル・テクノロジー・インターネット領域を担当。インターネット企業からメーカー、金融機関のデジタル部門まで、幅広い転職サポートを得意とする。

メーカーによるデジタルマーケ求人が増加。新部門立ち上げ、新規事業を担うチャンス
どんなデータをどう使うか。「戦略」から担える人材を募集

　デジタルマーケティング職の採用は数年前から活況が続いています。
　しかし、最近変化が表れています。これまではIT・ネット企業による求人が中心でしたが、このところメーカーからの求人が急増しているのです。
　その背景には、デジタルマーケティング手法の多様化があります。
　以前は「サイトを制作してSEO対策」をはじめ、手法が限られていましたが、今では蓄積したビッグデータやAI（人工知能）をいかに活用するか、さらには「お店に入ったときにキャンペーンのクーポンがスマホに届く」といったようなリアル店舗を巻き込んだ企画など、打てる施策の幅が広がってきました。
　そこでデジタルマーケティングの「戦略策定」から担える人材のニーズが高まっています。
　CMOやそれに近いポジションの求人が出てきているのです。BtoC企業だけでなくBtoB企業においても、自社のファンを獲得し、相手のニーズをタイム

リーにつかむことを目的に、デジタルマーケティング施策を強化しています。

　メーカーが求めているものは、デジタルマーケの最前線にいる皆さんから見ると「遅れている」と感じるかもしれません。例えば、広告のパーソナライズ化。アプリを制作してユーザーと個別にコミュニケーションを取る手法がしばらく前に登場しましたが、徐々にさまざまな会社に波及し、一歩遅れて「自社に担当者を置きたい」というニーズが顕在化しているのが今現在の状況です。

　しかし、これからは未来を予測して動ける人材のニーズが増えてくるでしょう。
　例えば、食品メーカーであれば、地域ごとに味付けを変えるというマーケティングが一般化し、その後下火になりましたが、最近また見直されつつあります。

　データによって地域の差、時間帯ごとの動きがより精密に分析できるようになったため、より個別のマーケティングが可能になっています。一口に「パーソナライズ」といっても、より複雑化が進んでいき、その過程で「どのデータをどう使うか」を考え、判断を下せるエキスパートが必要になってくるというわけです。

新規部門・新規事業を担うやりがい。しかし「こんなはずじゃなかった」も…

　求人として出ているのは、大きく分けて3つのパターンです。
・マーケティング部門のオンライン担当（責任者）
・新設するデジタルマーケティング部門要員（責任者）
・新規事業としてのプロジェクトリーダー

　デジタルマーケ分野でステップアップを目指す方は、デジタルマーケの先進企業を志望するケースがよく見られます。しかし、そこにはすでにトップレベルの知見を持つマーケターが存在し、学びを得ることはできますが、自分自身の価値を発揮しにくいとも言えます。
　その点、初めてデジタルマーケに乗り出すメーカーであれば、その社内での「第一人者」となり、その会社のマーケティングのあり方を変革していく醍醐味が味わえるでしょう。
　特に、多くの人になじみ深い食品や日用品のブランドを、自分の手によって再ブレイクさせ、社会にインパクトを与える。さらには売上アップに貢献できるとなれば、そのやりがいは非常に大きいと言えます。

ただし、IT・ネット業界からメーカーへの転身には、次のようなリスクやデメリットもあります。

※以下、あえてデメリットやリスクを伝えています。「こういうことまで教えてくれるなら信頼できる」「独自に転職活動するより情報をもらったほうが得策」と思ってもらえれば、と思います。

年収が下がる

そもそもの給与水準の差から、IT・ネット業界からメーカーに移ると年収100〜200万円、ときには300万円ダウンとなることもあります。

ただし、「外資系企業」「BtoB企業」「給与水準が高い業界（金融、製薬など）」を選べば、年収アップも期待できます。

スタート時点での地位が低い

最先端のマーケティング手法を期待されているとはいえ、まだ実績のない分野・部署ですので、社内での地位が低いところからスタート。予算や発言権などで制限を受けることもあります。また、既存のマーケティング部門が「抵抗勢力」となる可能性もあります。SNSやインスタグラムを活用するにも、関連部署との交渉に時間を取られ、やりたい施策になかなか取りかかれない……ということも。会社が新たな取り組みにどれだけ力を入れているか、投資への理解があるかを見極めることが重要です。

最先端スキルを失う可能性もある

自分としては最先端のマーケティング手法を導入したい。しかし、会社側がそこまでのレベルを求めていない場合、提案が受け入れられず予算がつかないこともあります。また、「ECサイトの立ち上げ」を掲げつつ、実際に求めているのは楽天やアマゾンなどのECサイト運営担当だった……などというケースもあります。また、新規立ち上げを終えると、あとは運用業務だけを求められるかもしれません。

このように、一口に「デジタルマーケ」といっても、会社によって役割や位置付けが大きく異なります。実態が見えづらいこともありますので、正しい情報をとることが大切です。ぜひ私たちエージェントの情報を活用していただきたいと思います。

上記に挙げたとおり、メーカーという環境でデジタルマーケティングに取り組むには、ときに不自由さや、風土のギャップを感じることもあるでしょう。
　それでも、好きな商品に携わり、ブランドの魅力を発信する立場になれること。そして、社会にインパクトを与えられるチャンス、成功させれば社内での評価・昇進につながるチャンスがあるのは、やはり魅力といえます。

　「マーケティング先進企業」と言われるポジションへ、自分の手で導いていく。そのチャレンジを面白いと感じる方は、ぜひ情報収集を始めてみてください。

CHAPTER 7 誰もが起業家になる時代

わが行く道に茨(いばら)多し　されど生命の道は一つ
この外に道なし　この道を行く

武者小路実篤

いても立ってもいられない情動、根拠なき確信など、何かに突き動かされるように決断し、豊かな人生を歩みだす人々がいます。心震えて、感じて動く。つまり感・動。
「どっちのほうが儲かる？」「マーケティング的には？」といった利害得失やロジックとは対極にある決断と実践。　こころと体、いのち全体で感じながら、その主体的な生の体験を拠り所に、情熱を放散し、世間と呼吸し、しなやかにしたたかに共鳴する。
これこそ22世紀を射程に捉える　新しい働く人々の行動様式といえるのではないでしょうか。

この章では、【働く方変革（方々・方向・方法）】を先取りした「未来のはたらく」人々として、『アントレ』でインタビューさせていただいた先駆者の生き方をご紹介します。
そこには、「働く喜び」の深部に通じるヒントが込められています。

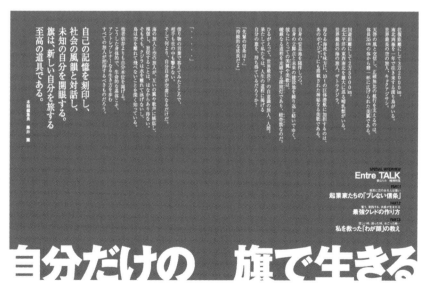

『アントレ』2009.12月号　巻頭扉より

三浦雄一郎さんに学ぶ冒険遺伝子と生き方

　いくつになっても、無我夢中で、何かに向かい苦楽を重ねる。三浦さんが体現される「働く喜び」。その深部には、私たち一人ひとりの中に眠る冒険遺伝子と、それを呼び覚ます生き方があります。

この記事は、『アントレ』2008.10月号に掲載されたものの再掲です。なお、三浦雄一郎さんは、2013年5月23日、80歳にして3度目の登頂に成功されました。心よりお祝い申し上げます。

働き方を超えた「生き方」とは、いったいどんなものなのか——。
2008年5月にエベレストに再登頂された三浦雄一郎氏に聞く。
75歳という高齢に加え、心臓不整脈を抱えながらの偉業の達成だった。
飽くなき冒険心の源泉は何か。
自分らしく生きるためにはどんな心構えが必要なのか。

最後まであきらめない人に、運はやってくる

編集部（以下　編）　このたびはエベレスト（※１）の再登頂おめでとうございました。本当にご無事でお戻りになられてよかったです。

三浦　ありがとうございます。

編　もう何度も聞かれているでしょうが、今回の頂上からの第一声で「本当に涙が出るほど……」。

三浦　「つらくて、厳しくて、うれしい」と言いました。

編　最初、「涙が出るほどうれしい」かと思いましたが、まず「つらくて」がきて「厳しくて」が入って、そして「うれしい」と。この一言にいろいろな思いが凝縮されているのだと思いました。

三浦　頂上に登れる確率は５割以下、７対３ぐらいで登れない可能性もあったんです。一つには天候、もう一つは心臓の手術を２回した後だったので、標高６６００ｍぐらいまではテストしていましたが、それ以上は未知の世界でした。そもそも標高７０００ｍ以上は心臓の手術をしようがしまいが、いわゆるデスゾーン「死の地帯」という世界に入るわけです。一流の登山家でさえ一つ間違えば命の保証はありません。現に今回はうちの息子（豪太氏※２）が、８２００ｍ付近で高地脳浮腫により九死に一生を得て帰ってきました。人生でも仕事でも「こんなはずじゃなかった」というハザードは数多く出てきます。それを気にして、それに負けていたのでは何もできません。ただ、今回はそれぞれすべてクリアできたわけです。

編　「夢はあきらめなければ達成できる」とおっしゃっていたのが印象に残っています。

三浦　まずそれが原点です。そう思いながらも、残念ながら実現できなかったというケースもあります。あとは、ツキというか運が必要になる。ただ、そのツキや運というのも最後の最後まであきらめない人にしか来ません。

編　今回は「アンチエージング・プロジェクト」や「人類としての挑戦」という側面もあったといいます。標高８０００ｍ以上では、実年齢に70歳加齢されると聞きましたから、三浦さんの場合１４５歳で登っているわけです。本誌の読者でも年齢や老いを理由に起業をあきらめる人もいれば、病気の人もいます。そこで、お釈迦様の言う「四苦八苦」の「四苦」、すなわち生老病死を思い出します。三浦さんの場合は、「老い」や「病」、さらにはすぐそこにある「生死」という、一切の苦に向き合われた。そこで三浦さんは「苦」というものに対して、あくまでも抗ったのか、それとも、うまくつきあっていこうとしたのか。日々、苦難と向き合う起業家にとっても、そのあたりは大いに悩みどころだと思っているのです。

三浦　どちらにしても、人間は死亡率100％の人生です。ただ、自分の生存の限界をかけている場合、「火事場のばか力」のようなものを実際に感じることはあります。人間は日常生活の中では、能力の10分の1ぐらいで生きていて、脳は3％ぐらいしか使っていないとよく言われますからね。しかし、人間にはここはどうしてもこれをしなければいけないという時がある。例えば我々だったら、この大きな岩を登らなければという試練が、いくつも出てくる。そういう時に不思議な、もう1回と言われてもできないような、頂上へ登ろうという意思が生まれる。

三浦　魂がもう先に行ってしまって、それをつかみに行くような感じです。好き好んで行っているわけですから自業自得ですが（笑）。

編　「必死」という行為は深淵ですね。「死（苦）」を受け入れる覚悟をもつ一方で、「死（苦）」とそれこそ必死で抗いながら、さらに「生」きるという「苦」を受け入れている。抗って、受け入れる。これこそ「苦」との付き合い。だからこそ、三浦さんは、「涙が出るほど、つらくて、厳しくて、うれしい」とおっしゃられるのですね。

ハンディキャップが強みになる時代

編　「パラリンコップ」というコップをつくった方がいます。その方は片腕が不自由なので、コップに歯ブラシをくっつけて、ボタンを押すと歯磨き粉が出てくるというコップをつくられた。

三浦　それは、すごいですね。

編　そういう「弱み」が強みに転じたり、多くの人に勇気を与えたりすることがあると思うんです。

三浦　アメリカ人の友達で、ドクター・スミスというスキーの下手な歯医者がいました。けれど下手なので急斜面になると必ず転ぶ。彼はオートバイのゴーグルをつけていましたが、ふぶけば穴から雪が入ってくるし、転んだらなおさら中に雪が入って曇ります。また彼はメガネをかけてゴーグルをしていたから、両方曇って先が見えないから転ぶ、曇る。とうとう腹を立てて、普通ならもっとスキーを上手になろうと練習するでしょう。ところが、本人はゴーグルが悪いという。それで、ゴーグルの開発を始めたのです。

編　ゴーグルやサングラスで有名な「ＳＭＩＴＨ」ですね。歯科医が作ったメーカーなんですね。

三浦　僕らもこれが欲しい、あれが欲しいと我慢しているけれど、そういう中にいくつも起業のヒントがあるんですね。

確かな成功ばかり求めるとかえって不安になってゆく。
現代人が今こそ学ぶべきは、"冒険心"なのだと思います

編　ご著書『生きがい』の中に、冒険の定義として「成功の確かでないことをあえてする」と書いてあるのが印象的でした。転じて世の中を見ると、現代人は、確かな成功ばかりを追い求めて、かえって不安と委縮を引き込んでしまっているように感じます。反対に、三浦さんのように、不確実なことに挑戦している方々は、不安を凌駕するような勇気や不思議な力を引き寄せていく。確実性の呪縛の中で、不安に駆られている現代人が今こそ学ぶべきは"冒険心"なのだと強く思いました。

三浦　基本的に人類というのは、冒険遺伝子というか、不可能なこと、不確定なことに挑戦しようとするのが進化の原点です。あの山の向こうは何だと。危険があるのは承知のうえで越えていく。さらに海の向こうは何だろうと。それが地理的な要素だけで

はなくて、心理的な要素にもなる。そういうものが全部、人類一人ひとりの中に遺伝子として入っているのです。ここで紹介したいのが、キュリー夫人のエピソードです。彼女は、2度目のノーベル賞受賞の時の記念講演で、締めくくりに、次のようなことを言いました。「科学者は地道な職人、あるいは労働者に近い。しかし、その中に魔法使いの弟子のような好奇心がある。世界の不思議に対する感動や好奇心がある。これはとりもなおさず、登山家が未知の山を登ろうとする、探検家たちが海の向こうは何だろうと冒険するのと同様に、科学者は冒険者である」と。それが当時のヨーロッパの文化人には強烈なメッセージとなりました。どうも日本人というか、体制の中に入ってしまった連中は、そういう不確定な、あるいはあやしいにおいのするものは好まない。しかし、そういう気持ちなしでは、新しいものは何も生まれません。

編　何も大きなチャレンジでなくても、いつもと帰る道をちょっと変えてみるといったことも変化や冒険だったりすると。

三浦　「こんな店があったかな」というようなことでもいいんです。

編　三浦さんが尊敬される岡本太郎さんのお言葉がありますね。「同じことを繰り返すな」というのは、まさにこのお話なんでしょうね。

三浦　そのとおりです。

もう一度、家族でキャンプに行こう

編 今回の号では、「自分らしさ」をテーマにしています。ただ、この「自分」という言葉は意外にやっかいなところがありまして、ある時は「個性」という言葉だったりするのですが、一方で「自我」という言葉になるとエゴイズムというか、他者に共鳴しないといった意味で使われます。ところで、三浦さんにとっての「自分らしさ」は、若い時と現在とでは変わってきているのでしょうか。

三浦 例えば、親子でもわかり合っていない要素がいっぱいありますよね。率直に自分の思いを語る、あるいは説得する、説明する。自分では完全にわかっているわけだから、「あいつはなんでこんなことがわからないんだろう。どうしてついてこないんだろう」と思う時はある。しかし、それにはみんな理由があるわけです。単純に言うと、自分だけそういうふうに思い込んで、「こんなすごいことをやれば、こんなに素晴らしいのに」と言うけれど、相手は逆に冷めている。その相手の情熱に火をつけるようなプレゼンテーション能力も必要じゃないですか。絵描きで一人でというのなら別だけれど、事業というのは巨大なビルをつくるのと一緒ですから。

編 「自分らしさ」というのは、少しでも多くの人に想いを伝えていくというプロセスによって、「本当の自分らしさ」になっていくのでしょうね。最後に伺いたいのは、生と死の間をずっと歩んでいらっしゃる三浦さんの勇気の源泉についてです。

今、我々に必要なのは、共生、共存、共栄の精神。
それを手早く実感するには家族でキャンプに行くといい

三浦 人間という生き物は、殺し合いもあるけれど、結局はお互いに助け合わなければ生きていけないということが、原始時代から続く一番の原則ですよね。人間のやさしさや思いやり、そのための勇気というのは、本当はだれでも持っているわけです。ところが、家庭環境や社会の中でそれがすり減ってしまい、自分のエゴだけになってしまう。キーワードは「共生、共存、共栄」だと思うんですよ。それを理解するために一番てっとり早いのは、家族でキャンプをしてみるといい。

編 体でわかるんですね。

三浦 子供は「水をくんできなさい」とか「薪を集めなさい」などと言われ、自分なりにできることをやる。すると、おいしいご飯も炊けるし、楽しく食べられる。「かわいそうだから手伝おう」ということにもつながってきます。登山はそういうのが極限化された世界です。自分だけ、俺だけ登って

というのでは、全員が死んでしまいます。

編　そうした「死生観」を背景にした「共生・共存」の実感こそが、深い思いやりやゆるぎない勇気の源泉となるのですね。

三浦　ネパールは今、国はむちゃくちゃな状態だけれど、部族単位では理想の生活のようなものが残っています。彼らは学校へ行くために2時間くらい歩いて、山を越えなければいけない。途中にはオオカミも出る。そうすると、大きい子が小さい子の手を引いて、学校に通っている。そういう姿というのは、すごくほほ笑ましいし、こういうことが人間本来の姿、一番の原点だという感じがします。

編　ある小学校では、森に生徒を連れて行って、好きな木を一人ひとりが選んで、木の下で3時間昼寝をして、学校に帰ってきてその木に手紙を出すのだそうです。すると、森林伐採や環境のニュースを見ても、「私の木が泣いている」と体で感じるそうです。

三浦　それはいいですね。

編　何事も実感知を持つということが大切なんですね。不確実であることを楽しむ遺伝子、死生観・共生感から湧き上がる勇気、あきらめない者だけが手にできる不思議な力……。三浦さんが身をもって私たちに教えてくれた「冒険心」は、現代人が忘れかけている"原始人間"の潜在能力を呼び覚ます"古くて新しい鍵"だと確信しました。今日は素敵なお話をありがとうございました。

※1　エベレスト
ネパールと中国国境に位置する世界最高峰の山。標高8848ｍ。1953年にイギリス登山隊のヒラリーとテンジンが初登頂を果たした。チベットでは「チョモランマ」、ネパールでは「サガルマータ」と呼ばれる。日本人初登頂は70年の故植村直己と松浦輝夫。

※2　豪太氏
三浦豪太。1969年神奈川県生まれ。家族とともにアフリカ、キリマンジャロを最年少（11歳）で登頂し、欧州の登山遠征にも同行。91年よりフリースタイルスキーのモーグル競技を始め、長野オリンピックにも出場（13位）。2003年には父・雄一郎とエベレスト登頂。現在、ミウラドルフィンズにて低酸素・高酸素室を使用したトレーニングシステムの開発を行なう。

みうら　ゆういちろう
1932年青森県生まれ。北海道大学獣医学部卒業。64年、イタリア・キロメーターランセに日本人として初めて参加、当時の世界記録樹立。66年富士山直滑降。70年エベレスト8000ｍ世界最高地点スキー滑降を成し遂げ、その記録映画はアカデミー賞を受賞。85年世界七大大陸最高峰のスキー滑降を完全達成。2003年5月、二男の豪太氏とともにエベレスト登頂。当時の世界最高年齢登頂（70歳）と初の日本人親子同時登頂の記録を樹立（ギネス掲載）。08年5月、75歳でエベレストに再登頂。記録映画、写真集、著書多数。

福岡伸一さんに学ぶ動的平衡と生き方

この記事は、『アントレ』2013.10 夏月号に掲載されたものの再掲です。

毎回素敵なゲストをお迎えする対談企画、アントレトーク。今回は、分子生物学者の福岡伸一さん。
ベストセラー『生命と無生物のあいだ』をはじめ、福岡ハカセが照らし出す生命の奇跡に、多くのビジネスリーダーが熱狂している。「顕微鏡をのぞいても生命の本質は見えてこない」と、自己否定しつつ未来をのぞく福岡ハカセ。
そんなハカセに、
「独立論をながめても起業家の本源は照らされない」
と、自己否定をしつつ独立を語る本誌が絡んだ。
生命原理が指し示すこれからのアントレプレナーの生き方とは？
対談は二重らせんのようにうねりつつ、よどみに浮かぶ泡沫のようにダンスした。

iPadに学ぶ"接点と触感"

編集部（以下 編） 『生物と無生物のあいだ』を拝読して以来、先生が描かれる詩的で哲学的な生命の奇跡にすっかり魅せられています。「部分と全体」「静的と動的」「代謝と複製」「秩序と組織化」「自己と非自己」「相補性」……。生命の啓示ともいえるこれらキーワードの一つ一つが、自分たちの生き方や組織を牽引する起業家にとって、本源的なヒントになるのではと思っています。

福岡 私は生物学者なので、生物学の視点からしか語れませんので、起業を目指す方たちにヒントとなるお話ができるかどうか（笑）。

編 組織や遺伝子をむやみに擬人化するなというそしりを、あえて顧みず伺っていきます（笑）。

福岡 今日はアメリカから直送してもらったiPadを持ってきました。ここにも生物学が表れています。

　生物学において、メディアは「メディウム」の複数形で、シャーレの中で細胞を培養する栄養液のこと。「媒体」と訳されますが、生物学的にいえば自分たちの周りを取り囲んで生命体を支えているものがメディアです。

編 自分を取り囲んで生きることを支えているものという意味では、社会も仕事も仲間もメディアですね。しかしiPadのような接点での触感は、ますます稀釈化しているようにも感じます。

福岡 近代社会は内側と外側を分ける壁をいかにつくるかにエネルギーを注いできました。しかし、土地も財産も囲って持っているだけでは意味をなさない。

　細胞も貯め込んでいるだけでは、生きていない。接点で何かをやりとりする。生物学的にいえば、物質とエネルギーと情報をやりとりする、その流れの中に生命現象が存在するんです。

編 『モダン・タイムス』（※1）ではないですが、20世紀は、人間を画一大量生産の型に押し込むuni‐formism社会。予測不能なものを囲いの外へ、規格適合したものだけ囲いの内へ。ある意味、生命的なものを排除した世紀でもありますね。

福岡 はい。今日もし機械論的なものから動的平衡（※2）のパラダイムが求められているとしたら、その境界線をいかにとかしていくか。新しく起業される人たちは、自分の領域を守ろうとするのではなく、どのように他者とつながっていくのか。どう外に開いていくかが求められると思います。

編 活躍する起業家の方々は、「うちの会社」「うちのモノ」と内にこもるより、「際どいところで」「際立って」と、異界との際に分け入って、問いを発す

るキワドイヒト（際問人）です（笑）。

福岡　現代社会が陥っているもう一つの機械論的な問題点は、一つの要素に一つの機能が担われ、その組み合わせでものごとができているという発想です。時計の歯車のように、生命もパーツから構成されてはいますが、個々のパーツは機能が限定されていません。

編　会社組織においても、その人の役割や能力が限局され、単一の基準で評価されがちです。あげくに有能・無能の烙印を押して、部品のように排除・交換される。
　一方で、「閑古錐（かんこすい）」という禅語があります。古くなって先の丸くなった錐（きり）とは、世間的には「閑（ひま）」で「役立たず」といわれる老僧や老兵のことですが、逆に褒め言葉なのです。先の丸い錐は、穴をあけるには「役立たず」ですが、人を傷つけない、穏やかな調和を組織にもたらすという役で見れば「役立つ」意です。

福岡　丸い錐も、動的平衡の中でほかの要素との相互作用を満たしていればその機能を果たすし、それがなければないなりにほかの要素がそれを補うように動くので、ある目的にかなわないことも一つの機能になり得ます。
　そこには時間の軸という観点も必要です。時間の軸を長く取ると、そこに存在する要素の相互作用のあり方も変わってくる。
　ところが、現代社会はそういう考え方をなかなか許しません。時間を止めてその時に非効率的なものは排除しようとする。

編　ビジネスの世界でも、鳥の目・虫の目・魚の目という多視点思考のすすめがよくいわれますが、鳥瞰と接眼という空間対比と、トレンド眼に時間対比させる、悠久的な"樹の目"が必要ですね。

因果関係は一瞬を切り取ったものにすぎない

編　アントレプレナーは、オーナーでもあります。しかしこのown（所有）という概念は厄介です。そのエゴが表出したとたん、周囲の共感は、雲散霧消してしまいます。自分の体、自分の会社は誰のものなのか？　体の中心、会社の中心は一点に宿るのか？　そんなことを生命の目線から見ると、どんな風景になるでしょう。

福岡　自分の財も自分の体も全部自分のものだから、自己決定権があると近代社会は考えてきました。臓器移植する時も、本人が承認すればその臓器はだれにあげてもいいという考え方があります。しかし、実は自分の体は自分のものではありません。地球時間で見ると、私たちを構成している分子は絶え間なく、環境の分子と交換されています。それは直接的にはものを食

べる、あるいは間接的には呼吸、排泄という行為で外界とつながっています。

そういう意味では、輪廻思想はある程度当たっています。それは私が死ねば生まれ変わってカラスになるという輪廻ではなくて、生まれながらにして地球全体の循環の中にある。したがって、非常に長い時間軸で見ると、私は固体というよりも気体に近い。そして私の身体は、私だけのものではなく動的な流れとして環境に共有されているわけです。

つまり、自己同一性というのはある種の幻想とも言えるし、あまりとらわれないほうがいい。

編　先住民族は、土地も自身の体も先祖からのあずかりもので、次代へのバトンをするものという概念をもっています。かつて西田幾多郎（※3）は、絶対矛盾的自己同一という思想を提出し、鴨長明（※4）は、「よどみにうかぶうたかたは……」と詠みました。

自己同一性を留保する態度は、昔の人のほうが研ぎ澄まされていた気がします。

福岡　時間の軸をとると、要素の関係性は次々と変わっていきます。人間はどうしても因果関係を直線的につなげて、ものを考えます。ただ、その因果関係はまさに時間を止めた時、その瞬間に見えるものです。

ところが、その一時停止ボタンを解除すると再び動いて、原因と結果が逆転することもあるし、無関係になることもあるし、違う関係性をとって違う様態で動くようにもなる。そのバランスが動的平衡であって、それは人間関係でも、自然環境も生命現象も同じです。だからある時点で因果関係が見えたからといって、恒久的な原理かどうかはわかりません。

編　仏教では、因果という単因論を嫌い、因果の間に縁を入れた因縁果という言葉を使いますね。一期一会の大切さを実感している起業家ほど、予測できないご縁を大事にしています。

仏教の教えにある「因縁果」。
予測できない一期一会を大切にする起業家こそ、実感している気がします

福岡　起業する人は学校で学ぶ知識よりも世の中を渡るための知恵にたけていて、こうすれば儲かるということが直感的にわかっている。その直感というのは、人間の進化の過程で得てきた、世界の中から主要な点をつないで星座をつくると世の中のことが解りやすいというある種の思考のパターンですよね。

ところが、ネットの時代はいろいろなものがものすごい形でつながって

いて、要素の数、星の数は増えています。ですから、直感に頼ってものを見すぎると、あまりに世界を単純化し、その場限りの因果関係でものを考えてしまう罠に陥ります。それを私は空耳ならぬ「空目」と名づけました。知的であることの最低条件は、そう思う自分を疑う懐疑心を持つことではないでしょうか。

直感に頼りすぎると落とし穴に陥ることも。
確信を疑う懐疑心こそ真の賢さであり、知的です

紆余曲折がもたらしたもの

編 ご著書の中で、ハーバード大学の研究者時代は研究奴隷として実験に明け暮れ、「まぎれもなく倦んでいた」と述懐されています。そんな人生の巡航ぶり、自己模倣ぶりにも嫌気がさしたと。

福岡 どんな職業でも一人前になるまでは一生懸命学んだり、トレーニングを受けたりして、ある程度自分で結果が出せるようになると巡航速度になっていく。そうすると、周りから期待される自己像がわかるから、それを演じるようになります。それは自分を自分で模倣する自己模倣です。そうなると情熱は死んでいく。例えば作曲家がこういう曲を出せば売れるということがわかればそういう曲を書くけれども、そこにたぶん喜びはなくなるでしょう。

私はそこから逃げてしまえばいいと思います。ステップアップしようとするからたいへんなのであって、逃走してしまう。そこに新しいあり方が見え、可能性の芽をはぐくむことになるのです。

それは生物の進化がずっとやってきたことでもあります。生物は常に環境に適応してきたように見えますが、実はその都度、環境にいったん負けているんです。

負けて死ぬのではなく、そこから敗走するというのは新しい可能性を見つける一つのチャンスになります。

両端の往還でしかたどり着けない性

編 起業には、「ロマンと算盤」「情熱と冷静」といった一見、矛盾する二項を止揚することが大事です。両端性をどう取り持って超えていくのか。そんな時、先生の次の言葉に響きました。「世界は分けてもわからないと知りつつも、きょうもなお私は世界を分けようとしている。それは、世界を認識することの契機が、その往還にしかないから」

福岡　私たち科学者は、世界をとらえたいと願っています。それは文学者も芸術家もみんなそうだと思います。そのためには、ある時世界を止めなければいけないし、分けなければいけない。

分けるとなんとなくわかった気がしますが、その時、世界は死んでしまったり、分けることによって失うものがある。だから、分けてもわからないと思いつつ、統合してまた分けるということになる。結局、統合と分析の両極端に回答はありません。右往左往するそのプロセスが実は大事なのであって、分けきった時を目指すことは何かのゴールではないということです。

編　右往左往だから、両極の振幅は長いほうがいいですね。

福岡　少しずつどこかに行くこと。それが人間の歴史です。何千年、何万年にもわたって、人間の歴史は基本的には同じことを繰り返してはいても、全く同じことをやっているのではない。少しはましな世界になっているはずです。

編　ＤＮＡの二重らせんの仕業なのでしょうか。自分の中の２つの全く相対するものが、自己の強みと弱みを互いに補完していく。しかし、らせん階段のように一段ずつ上がりながら進化していく。

福岡　それは向上とか進歩でなくてもいいんです。何かこれまでと違う新しいものに向かっていればいいと思いますね。

編　有難うございます。これからも培養液のようなメディアを目指し、がんばります。

※１　『モダン・タイムス』
1936年に上映されたアメリカ映画。喜劇王チャーリー・チャップリンが監督・製作・脚本・作曲を担当し、彼の代表作のひとつ。機械化が進む資本主義社会を題材に、人間の尊厳が失われ、機械の一部分のようになっている世の中を笑いで表現している。

※２　動的平衡
物理学・化学などでは、互いに逆向きの過程が同じ速度で進行することにより、系全体としては時間変化せず平衡に達している状態を指す。福岡氏はこの概念を拡張し、「生命現象は絶えず変化しつつ、平衡を求めて動く状態にある」という動的平衡論を提唱し、2009年には同名のタイトル（木楽舎）の著作も出版された。

※３　西田幾多郎
西田哲学と呼ばれる哲学体系を築き上げた日本を代表する哲学者。著作は2000年代に入ってからも新版が刊行されるほどの人気で、『善の研究』などがある。彼が散策した琵琶湖疏水沿いの道は「哲学の道」と呼ばれ、日本の道百選にも選ばれている。

※4　鴨長明
平安時代末期から鎌倉時代にかけ活躍した歌人・随筆家。代表作『方丈記』は和漢混淆文による文芸の祖、『枕草子』『徒然草』とならび日本三大随筆の一つとして名高い。

ふくおか　しんいち
1959年、東京都生まれ。京都大学卒。米国ハーバード大学研究員、京都大学助教授などを経て、青山学院大学教授。研究テーマは、狂牛病感染機構、細胞膜タンパク質解析など。専門分野で論文を発表するかたわら、一般向け著作・翻訳も手がける。生命とは何かという永遠の問題を動的平衡論から問い直した『生物と無生物のあいだ』は、新聞、雑誌、ネットなどで評判を呼び、67万部を超えるベストセラーとなり、2007年度サントリー学芸賞および新書大賞を受賞。ほかの著書に『ロハスの思考』『できそこないの男たち』『動的平衡』『世界は分けてもわからない』『ルリボシカミキリの青』などがある。

新しい生き方・働き方＝「雇われない生き方」を応援

多くの働く人々の希望は、自分らしい生き方・スタイルで働くこと。
「定年のない働き方をしたい」
「他人の意思ではなく、自分の裁量で働きたい」
「自分が成長できるより高いステージに身を置きたい」
「仕事と生活のバランスをとりながら働きたい」
「能力を一つの会社だけでなく社会全体に提供したい」

　いまやその実現のための手段は、転職だけに限りません。その一つの選択肢が、独立・起業という生き方・働き方です。『アントレ』は1997年に創刊して以来、「雇われない生き方」を応援するメディアとして、独立・開業を目指す人に寄り添い、"新しい生き方・働き方"の提案をしてまいりました。以来、数多くの独立・起業に挑戦する個人と、多様な独立・起業支援パートナーに支えられ、おかげさまで20周年を迎えることができました。会員数も20万人を超えるサービスに成長しました。これまでの自分に合った独立開業パートナーを「探す」「サービスに加え、今後は、働く人々が自分の持ち味に向き合い、自分が歩むべき生き方・働き方を「知る・学ぶ」、自分の独立フェーズに合わせて何度でも活用できるサービスとして、「アントレカウンター」（独立相談カウンター）、「アントレアカデミー」（FC・代理店ビジネス比較検討1DAYセミナー）を提供。「雇われない生き方」が特別なことではなく、普通の選択肢として考えられる世の中へ。その実現に向けて踏み出しています。

終章
私たちは何者なのか？

『我々はどこから来たのか 我々は何者か 我々はどこへ行くのか』
（D'où venons-nous ? Que sommes-nous ? Où allons-nous ?）

仏画家ポール・ゴーギャン

・・

「人間をあるがままにとらえる」。
これは、弊社の創業当時の専務、故・大沢武志さんの名著『心理学的経営』の主題です。
そこには、人間を合理では割り切れない存在ととらえ、個を尊重する信念があります。

人を道具とみなす「システムや仕組み」の思想からではなく、人を一つの命を持つ人間とみなす「すがたとかたち」へのまなざしから始まる「働く喜び」改革へ。

最終章は、そもそも「人間とは何者か？」人類は他の生物と何が違うのか？
人類へのギフトを見つめることから、「はたらく喜び」の深部を見つめていきます。

【働く喜び】【働き方変革】を支える人類の宝物とは？

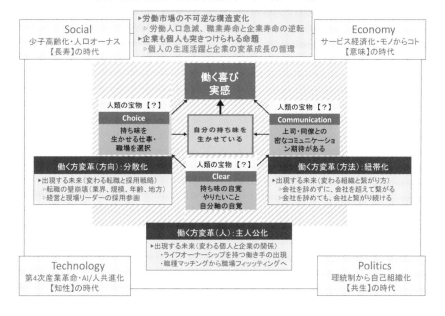

人類の宝物 ネオテニー
何歳からでも新しい自分を拓く
後天発展・自由自在性

人類の宝物その① 〜ネオテニーの発展性〜

「未来のはたらく」を見つめる時に触れておきたい、私たち人類だけが持っている宝物。
　一つ目は、【ネオテニー】です。

「ネオテニー」とは、日本語で幼形成熟と訳されます。その漢字のごとく、子供の期間が長く、子供の特徴を残したままゆっくりと成熟する生物学用語です。これは、「未来のはたらく」を見つめる時に、極めて重要な特徴だと感じています。
　例えば、チンパンジーの子供は、幼いときは人間の子供に似て、体毛が少なく、顔も扁平です。しかしその後の数年で、顔の骨格も体毛などの外見も生殖可能な性質も、あっという間に成熟し大人になります。一方、人間の顔の骨格も体毛も、チンパンジーに比べれば、少しの変化しかありません。人間と馬を比較しても同様です。例えば、馬の子供は、生後数時間で歩けるようになります。一方で、人間は、立ち歩きまで1年ほどかかります。
　このように、人間は他の動物と比べて、未熟である幼い期間が明らかに長い。そして、注目べきは性質のほうです。成熟した大人にも幼いころの性質が残る。ある意味、「ネオテニー」は、幼質成熟と訳したい。つまり「ずっと子供のような性質のまま大人になる」とも言えるのです。

　果たして、人間はこの「幼質成熟」という生命戦略で何を獲得してきたのでしょうか？
　例えば「30歳を過ぎても、何屋になるか定まらない」「40歳を過ぎても惑いっぱなし」「50歳を過ぎても天命を掴めない」という人は、論語の孔子先生に怒られるまでもなく、今日の社会ではあまり賞賛されない雰囲気があります。しかし、ネオテニーの観点から見れば、あえて成熟しないで、後天発展に懸けているキャリア戦略ともいえるのです。早期に「何者になる」と限局しない、何歳になっても「何者にもなれる」という意味では、生命戦略的に理にかなっているのです。

　子供の期間が延びるということは、それだけ、恐れを知らず、警戒心を解き、柔軟性に富み、好奇心に満ち、探索行動が長続きするということでもありま

す。また試行錯誤やスキルを向上させる期間が長くなるという福音もある。つまり、50歳からでも、80歳からも何者にでもなれる。一生若々しくあり続けるようセットされた他の動物には持ち得ない生命戦略。「ネオテニー（幼形成熟≒幼質成熟）」は、私たち人間に与えられた素晴らしいギフトなのです。

超高齢社会は、人類の本来の姿

　超高齢社会というと、何やらネガティブなイメージが付きまといます。人口問題は、まるで人口公害のような言いようでもあります。しかし、Population（人口）は Pollution（公害）では決してありません。
　逆に、「ネオテニー（幼質成熟）」の生命戦略から見れば、超高齢社会は、大人になっても、子供のような無邪気さや遊び心で、好奇心を持って変化を楽しむしなやかな賢人（ホモ・サピエンス）が溢れる社会のことを意味します。スターウォーズのヨーダが溢れる社会といったら、なんだかしなやかで力強いイメージにならないでしょうか。

　高齢化した人間が役に立たないというのは、工業化社会の画一的なフレームで見つめた、わずかここ200年足らずの観念です。工場を軍隊のように見立て、肉体を資源に長時間、機械のように統制・稼働させる。まさに、チャップリンの『モダン・タイムス』が描いた Uni-Formism 社会なのです。しかし現代のような情報化社会は、単なる情報処理を超え、感性や知性といった、高度な情報編集の経験や知恵が必要となります。そこでは、これまで以上に、「ネオテニー（幼形成熟）（幼質成熟）」を地で行く"子供のような老人（賢人）"が必要とされる社会なのです。

　禅語に「閑古錐」という言葉があります。古くなって先の丸くなった錐とは、世間的には「閑」で「役立たず」といわれる老僧や老兵のことですが、逆に褒め言葉なのです。先の丸い錐は、穴をあけるには「役立たず」ですが、人を傷つけない、穏やかな調和を組織にもたらすという役で見れば「役立つ」意です。そこには、画一的な Keep Young の人間観ではなく、多様で柔軟な Keep Flexible の人間観が息づいています。人の可能性を一つの機能に限局して、役に立つ・立たないと判断する画一的な基準自体を転換する。老いによる後転発展という人類のギフト、すなわち「ネオテニー（幼形成熟≒幼質成熟）」の生命戦略を生かす、新たな基準に転換する時代が訪れようとしているのだと思います。
　そもそも自分とは、よどみに浮かぶうたかたのように変化し続けるもの。前出

の福岡さんは、分子生物学（動的平衡論）から見ても、人は変わり続けると教えてくれました。

　私たち人間は60兆個の細胞で構成されていて、そのうち数千億個の細胞が1日に生まれ変わるとなると、細胞レベルでは半年も経てばまったく別人です。

　その意味では、「こんにちも」と言わずに、「こんにちは」という挨拶は正しい。昨日と同じ自分であれば「今日も」ですが、実態は分子のレベルでも、昨日と違う自分なので「今日は」なのです。

　超高齢社会は、「老いる自由を得た社会」「一生子供としての本質を発露できる社会」です。昨今の「人生100年時代」の言説には、「生き残らなければならない100年」「働き続けなければならない100年」という、ネガティブでさみしいものが多いです。しかし、「ネオテニー」が発露する「人生100年時代」の社会は、「遊ぶように、好奇心を持って、知恵を輝かせる」ポジティブな時代です。そもそも、長寿社会は、字義のごとく長命の人を言祝ぐ（寿く）社会。

　冒頭で紹介した、三浦雄一郎さんは、85歳になる今でも、子供のような眼差しで、世界最高峰への挑戦に向き合っています。

　ネオテニーは、何歳からでも新しい自分を拓く、後天発展ができる、そして、まだ見ぬ自分に自由自在に変化できる、あるがままの生き方を実現する。そのための人類の宝物なのです。

人類の宝物　機会
人生の偶然の出会いを計画的に楽しむ
好奇心・柔軟性

人類の宝物その②　〜機（はず）みと出会いの可能性〜

　「未来のはたらく」を見つめる時に触れておきたい、私たち人類だけが持っている宝物。二つ目は、【機会】です。

　1445年、グーテンベルクは、活版印刷技術の実用化に成功しました。それまでの手書きによる書き写しを脱し、金属活字による本の大量生産を可能にした活版印刷革命は、その後、ルネッサンス、宗教改革、啓蒙時代、科学革命の発展に大きく寄与しました。印刷技術は、羅針盤、火薬とともに、「ルネッサンス三大

発明」の一つにあげられるのも頷けるでしょう。

　果たして、グーテンベルグの印刷機では、何を印刷したのでしょうか？　それまで必死に手書きで書き写しをしてでも共有したいコンテンツが二種類あったと言われます。諸説ありますが、その二大コンテンツとは、聖書と地図と言われています。

　人々が必死に伝えたかったものが、聖書と地図と言われれば、当時のヨーロッパの人々の思いが想像されます。その後、人々の世界の見つめ方（概念）や習慣の在り方（行動）を変革する宗教改革、啓蒙時代、科学革命に繋がっていきます。この聖書と地図という二大コンテンツに秘められた力とは一体、何だったのでしょうか？

　リクルートの情報は「感動ソフトと行動ソフト」の両方を提供してきた。そんな教えを尊敬する先輩たちから教わってきました。
感動ソフトは、それがあるからこそ心が救われるもの、人生を賭けられるもの。
行動ソフトは、それがあるからこそ歩を進められるもの、新しい自分に出会えるもの。

　二大コンテンツをこう翻訳すると、グーテンベルグが印刷したものが見えてきます。そうです。印刷革命が人類に授けた宝物は、心躍る人生と新しい自分に出会う【機会】だったのです。

人生は「機会」に彩られている

　そもそも、【機会】とは、どんな意味でしょうか？
　みなさんは、機会の「機」の訓読みをご存知でしょうか？
　答えは、「機み」と書いて、「はずみ」です。
「機」の訓読みは「き」。「機を制する」「機を逸する」「機が熟す」「心機一転」など、人生の重要な時を表しますが、「機み（はずみ）」は、「ひょんな機みで」「仕事に機みがつく」「滑った機みで足が届いた」「臨機応変」など、想定外の思いがけないことも意味します。

　【機会】とは【人生の重要な時】であり、【思いがけない出会い】でもあるのです。
　別の言葉で言えば、人類は思いがけない出会い、【機会】をギフトされている存在なのです。

そもそも、私たちの地球も、ひょんな機みの物質同士の衝突（出会い）から生まれ、人間も、男女のひょんな機み（はずみ）と出会いから生まれています。そして、「未来のはたらく」を拓くのも、ひょんな機み（はずみ）と出会いの【機会】だと思います。

人類というのは、冒険遺伝子というか、不可能なこと、不確定なことに挑戦しようとするのが進化の原点です。前出の三浦さんが語るように、確かな成功ばかりを追い求め、かえって不安と委縮を引き込んでいる現代人は、【機会】という最高のギフトを生かしきれていないのかもしれません。

個人のキャリアの8割は予想しない偶発的なことによって決定される

計画された偶発性理論（Planned Happenstance Theory）は、スタンフォード大学のジョン・D・クランボルツ教授らが提案したキャリア論に関する考え方です。その内容は、個人のキャリアの8割は予想しない偶発的なことによって決定される。そして、その偶然を計画的に設計し、自分のキャリアを良いものにしていこうという考え方です。

計画された偶発性は以下の行動特性を持っている人に起こりやすいと考えられています。
1. 好奇心 [Curiosity]　2. 持続性 [Persistence]　3. 柔軟性 [Flexibility]　4. 楽観性 [Optimism]　5. 冒険心 [Risk Taking]。なんだか、冒険家三浦雄一郎さんの生き方と通底する要素で溢れていると感じないでしょうか？　機み（はずみ）と出会い。偶発的な出会いを、計画的に楽しむ。【機会】は、私たちの外にではなく、内側にあるのです。

ちなみにリクルートのキャッチフレーズは、まだ、ここにない、出会い。です。
世の中にはまだ見ぬ世界や可能性が満ち溢れている。このひとりひとりの可能性を信じて、新たな暮らしや人生にまつわるチャンス。豊かなそして楽しい時間、希望、人や仲間と出会うことをリクルートはお手伝いしていきたい。こんな気持ちを、このフレーズに込めています。

「自ら機会を創り出し、機会によって自らを変えよ」。
創業から8年目に当たる1968年に、創業者である江副浩正氏によって作られた言葉です。その思いは、私たち社員や卒業生の中で、いまだ息づく、人生訓と

して刻まれています。

　人生の偶然の出会いを計画的に楽しむ好奇心や柔軟性には、人の可能性を拓く力がある。
【機会】。それは、蓋然性や客観性を超え、人生を楽しみ「はたらく喜び」を引き寄せる人類の宝物なのです。

人類の宝物 共同幻想力
ホモ・サピエンスが持つ目に見えないものの想像・信頼・共生力

人類の宝物その③　〜「賢い人」（ホモ・サピエンス）の共同幻想力

「未来のはたらく」を見つめる時に、どうしても触れておきたいのが、私たち人類だけが持っている宝物。最後の三つ目は【共同幻想力】です。

　世界的なベストセラーとなった『サピエンス全史』。その著者ユヴァル・ノア・ハラリは、200万年以上に及ぶ人類の歴史を紐解く中で、人類が短い期間で食物連鎖の頂点に立ち、文明を築いた理由を、約7万年前の認知革命から始まった人類の「虚構」にあると説きました。「虚構」と聞くとネガティブなイメージが浮かびますが、別称は、「社会的構成概念」「想像上の現実」。そうです。まさにこの【共同幻想力】こそが、人類の武器なのです。
　私たちが当たり前のように信じている貨幣も国家も宗教も法律も噂話も。そして、私たちの多くが毎日身を委ねている法人も、人類のたくましい【共同幻想力】に支えられた「想像上の現実」。目に見えないものを信じられる力、幻想を語ることで、全く知らない人同士でも協力し合うことのできる力こそ、人類ならではの力だとハラリ氏は説いたのです。
　お金の交換も、サッカーのゲームも、会社の制度も、それがあるから、秩序立って機能する。誰もがその存在を信じて存続する限り、想像上の現実は、社会の中で力を振るい続けるのです。その意味では、会社組織は、典型的な「虚構」「共有信念」であり、【共同幻想力】の産物なのです。
　ちなみに、法人（corporation）の由来は、身体を意味するラテン語の [corpus] ですが、皮肉なことに法人には、触れるような身体はありません。「法的虚構（法的擬制）」と呼ぶ会社組織こそ、血の通った身体的な「共有信念」、つまり

【共同幻想力】が不可欠なのだと痛感します。そしてこの幻想力は、500年前に起きた「科学革命」に結びついていきます。進歩を信じ、新しい知識を得るのは良いことで、どんな問題も克服できると確信する幻想力は、創造力を生んでいきます。

「人間不信」「人間阻害」の世紀をくり返さないために

今から約100年前（1901年）。まさに20世紀の最初の年。報知新聞は、1月2・3日付の紙面で、20世紀中に実現するだろう23項目の予言、その名も『二十世紀の豫言』を掲載しました。

国際電話、デジタルカメラ、エアコン、新幹線や地下鉄、飛行機と自動車社会……。実に、23項目のうちの17項目までが、100年後の現在に実現されていることを見てみると、100年前の先人の幻想力がいかにたくましかったかに驚かされます。と同時に、多くの幻想力が科学技術と組み合わされることによって、歴史が大きく転換してゆく。すなわち幻想力こそ創造力の母なのです。

TECH B-ing 臨時創刊 MOOK『理系快適人生の法則』より

しかし、「20世紀の予言」を仔細に見つめて見ると、実は**人間力（身体・五感）の拡張**以外は、上手くいっていません。特に、**自然環境の統制（砂漠の緑化、ハリケーンの防止など）**についての予想は外れています。アメリカ前副大統領アル・ゴア氏が警鐘を鳴らした映画『不都合な真実』にも、人類の欲望による発展と、自然に不自然な形に手を加えたゆえの、大きなしっぺ返しが描かれていました。人類の欲望の中で、**自然環境の統制**がいかに困難であるか、ある意味、不遜な考え方であるかを、21世紀は突き付けられているのではないでしょうか。自らを「賢い人」（ホモ・サピエンス）と呼ぶ私たちは、本当に賢いか。その問いの前で、深く考える時でもあります。

「自分とは、自然の分身」。「把不住（はふじゅう）」。禅僧で芥川賞作家の玄侑宗久さんに教えていただいた言葉です。その意味では、自然は、人間と読み替えてもいいでしょう。私たちは、紛れもなく自然の一部でもありますし、捉えきれない存在なのです。そうすると、前段の言葉はこう読み替えることができます。

人類の欲望の中で、人間環境の統制がいかに困難であるか、21世紀は突き付けられている。
　なにやら、現代の「はたらく」不調の原因がここにあるようにも見えるのは私だけでしょうか？
　そもそも、自然も人間も統制するということ自体が、間違ったまなざしなのかもしれません。

　1936年に上映されたアメリカ映画『モダン・タイムス』（1936年）は、喜劇王チャーリー・チャップリンが監督・製作・脚本・作曲を手がけた代表作の一つです。そこでは、機械化が進む資本主義社会を題材に、人間の尊厳が失われ、機械の一部のようになっていく世が風刺的に描かれています。『モダン・タイムス』的19世紀は、人間を画一大量生産の型に押し込む Uni‐formism 社会。予定されたものに調和し、計画された一つの型しか許されないユニ・フォーム社会だった言えます。そこでは、予測不能なものを囲いの外へ、規格適合したものだけを囲いの内へ。ある意味、自然や人間が持つ、生命的なものを排除した世紀。**人間環境の統制**がいかに困難であるか、いかに**人間の可能性を排除**するか。思い知らされた世紀だったのかもしれません。

　1905年、独・社会学者のマックス・ウェーバーは、その著書『プロテスタンティズムの倫理と資本主義』で、資本主義の行く末に登場する人間を皮肉って、次のように表現しました。
　「精神のない専門人、心情のない享楽人。この無のもの（ニヒツもの）は、人間性のかつて達したことのない段階にまでに登りつめた、と自惚れるだろう」
　倫理観を持たない専門家や懸命さを失った職業人が溢れたユニ・フォーム社会。人を物と捉え、規格適合・不適合の烙印を押し、排除・代替をしてしまう社会。そこには、「働く喜び」は見出せません。

人間本来の知性を発露する世紀へ

　19世紀パラダイムは過剰な機械信仰ゆえに、機械の基準からみれば不完全な人間の価値を貶める ── つまり「人間中心主義」を語りつつ実際には「人間不信」の ── 技術文明であった。それに対し、現代ではロボットや人工知能が進歩するほどに、人間や生命が本来もっている柔軟（ファジー）な知性の価値が再発見されつつある。

（新たな人間の発見にむけた21世紀の「鏡」としての愛・地球博。）

以前、お話を伺った人類学者で京都造形芸術大学教授である竹村真一さんは、古いパラダイムの先にある、新たな人間の発見に向けた新世紀への期待を、このように語られています。

　空気を読む力も、確率論を度外視した冒険も、目に見えない信頼を共有できる【共同幻想力】も。人間の知性こそ、AIの知能では到達できない人類の宝物なのではないでしょうか。

　こうして見てきたように、産業革命以来、私たち人類は、【共同幻想力】を【利己的幻想力】に変調した【創造力】を生かして、「生活空間」を拡大し、「移動時間」を短縮する「時間・空間の制御」を加速度的に実現してきました。しかし、第三の間、「人間（じんかん）」、つまり、人と人が共同して働く場（職場）の前では翻弄されつづけています。

　その象徴であるテーラーシステムは、会社主導の分業と時間管理によって、働く人々を「機械」に仕立て、職場のゲンナリを生み出しているようにも感じます。特に今後は、工場以外の全ての職場に、人工知能やロボットが浸潤（しんじゅん）し、人と機械が共進する、第四の間「人機一体間」が到来します。24時間365日手放せないスマートフォンは、その象徴でしょう。

　人間を機械的な「仕組み・システム」とみなして統御しようと【利己的幻想】をするか？
　人間を生命的な「すがた・かたち」ある命と見て共生しようと【共同幻想力】を発露するか？
　人生100年時代を迎え、22世紀を射程に入れる私たち「賢い人」（ホモ・サピエンス）の【共同幻想力】が問われているのです。

唯脳論的知性より身体的知性

　AI/IoT/IoA、VR/MR、コネクテッド・インダストリー、コグニティブ・クラウド、シェアリング・エコノミー、5G、グローバル・アライアンス、データ資本主義、そして働き方改革……。
　今、新聞、テレビ、ニュースサイトをひらけば、私たちの目には、毎日、猛然とアップデートされるテクノロジーとビジネスのうねりが飛び込んできます。
　ある時は、そうしたトレンドに先行優越する高揚感にかられ、ある時は、そう

したスピードに遅滞する焦燥感に包まれます。7倍速のドッグイヤー、18倍速のマウスイヤーといわれる早回し社会に生きる私たちは、果たして、その意味を立ち止まって考える機会はあるのでしょうか？

最新ニュースへの過剰な熱狂と過剰な委縮の繰り返しに翻弄され、バブルとバブル崩壊を繰り返す様は、我こそ先に（他者は割込ませない）と、常にアクセルもブレーキもオーバーシュートして渋滞を生んでしまう、群衆心理の滑稽さを想わせます。そうした意味では、テクノロジーもグローバルの最先端も、一見賢そうな仕組みやシステムを提供していますが、巨視的に観れば、ただそのシステムに踊らされているだけなのかもしれません。果たして、賢い人と訳される私たちホモ・サピエンスは本当に賢いのでしょうか？　そこに【利己的幻想力】へ変質してしまった【共同幻想力】が露呈しています。

電極につながれたネズミが、現実の餌や異性を無視して、性的オーガズムを充足するスイッチを押しまくって最後は餓死してしまう実験があります。欲望を簡単に充足できるスイッチを目の前にすると、それが仮に幻想でも暴走し中毒化してしまう。この悲しいほどの滑稽さはネズミも人間も同じです。
　力を顕微鏡や望遠鏡に、脚力を車や飛行機にと、工業技術が人間の身体感覚を拡張してきたとしたら、情報技術は、非身体的な欲望をレバレッジしてきました。しかし、後者の「てこ」は、"作用点"の果実ばかりに目を奪われて、"力点"での入力実感も、"支点"として不可欠な社会基盤も忘れ去られている気がします。

以前、インタビューでお話を伺った姜尚中さんは、「唯脳論的知性より、身体感覚を通した知」のすすめを語られました。「知っているつもり」よりブリコラージュ的で、土発的で、あえて「自分のサイズを制限する」あり方のすすめを教えていただきました。
　日々、非身体的な欲望のレバレッジにさらされる私たちにとって、現実に流されないための錨として、「はたらく」の思想を手にできればこんなに心強いことはないでしょう。それを支える一つが、人類の宝物を育んだ歴史観であり、人間観なのだと思います。

『働く喜び』の深部へ
旗楽、傍楽
生き切る時代

歴史から問われる「未来のはたらく」

137億年前、無から時間と空間を生んだ宇宙
46億年前、物質の塊から生命を育んだ地球
1500万年前、直立二足歩行の矛盾を生んだヒトザル
7万年前、虚構による共同幻想を生み出した人類
現在、欲望の資本主義とグローバル化に焦燥する人類
未来、超知性と超霊性を手にした幼質成熟した超人類?
時間、空間、生命、矛盾、虚構、文明、文化……。

果たして、
宇宙は、何を生み出したかったのでしょうか?
地球は、何を育みたかったのでしょうか?
ヒトザルは、何を引き受けたかったのでしょうか?
人類は、何を想像し創造したかったのでしょうか?
文明は、何に明かりを灯したかったのでしょうか?
そして、未来は、何に向かっていこうとしているのでしょうか?

こうして歴史的なスケールで時間を巨視的に見つめると、「未来のはたらく」にも深い問いが突きつけられます。カズオイシグロさんは、『私を離さないで』について、TVインタビューで次のように語りました。

「人生は短いから尊いとだけ言いたかったのではない。
人間にとって何が大切かを問いかけたかった」

「人生が短いと悟ったとき、お金や権力や出世はたちまち重要性を失ってゆくだろう。
人生の時間が限られていると実感したとき、このことが重要になってくる」

人生100年時代は、無限の命を想像させますが、人生の死亡率は100%です。人は必ず死ぬ。そして、いつ天寿を全うするかわからない。その意味では、誰も

が「必死」です。その時どう生きるか？

　幾つになっても子供のように好奇心を持って、後天発展できる【ネオテニー】。
　機(はず)みと出会い。偶発的な出会いを、計画的に楽しむという【機会力】
　見えないものを信じ、知らない人同士協力し、新世界を創る【共同幻想力】。

　この人類だけが持つ三つの宝物を、「未来のはたらく」にどう生かすか。
　その問いは、人間にとって何が大切か？の問いかけでもあるかもしれません。

　人生100年時代、どんな好奇心【ネオテニー】を発露し、新たな挑戦をしたいでしょうか。偶然の出会いに接した時、どんな新しい自分への【機会】に巡り会いたいと願いますか。次の100年に、どんな「はたらく」を【共同幻想】し、自分を超えた誰かと共有しますか。

「働く喜び」を向上させる「３Ｃ」は、この宝物とも通底しています。
　Clear（持ち味の自覚）＝
（ネオテニー：何歳からでも新しい自分を発露できることの自覚）
　Choice（持ち味を生かせる職場を選択）＝
（機会力：自分を拓く偶然の出会いを選ぶ力）
　Communication（上司・同僚との密な相互期待）＝
（共同幻想力：互いに深く期待しあう力）
　自分の持ち味が何歳になってからも発露できて（Clear）、その持ち味を活かせる、思いもよらない新しい出会いという職場を選べて（Choice）、さらに、仕事の仲間と、目に見えない信頼で深く期待し合っている職場（Communication）。それが「自分の持ち味が生かされている」という納得感につながり、「働く喜び」が生み出される。まさに、三浦さんやリーナスさんや独立起業家Ｄさんに共通のものだと思います。

　自らの心がイキイキとはためく旗を掲げて楽しむ（旗楽）。
　自らのかたわらにいる人を助け、共に生きて楽しむ（傍楽）。

　本来の人類の宝物を味わう社会こそ、「働く喜び」が溢れた社会なのではないでしょうか？

【働く喜び】の深部にある旗楽・傍楽　～生き切る時代へ

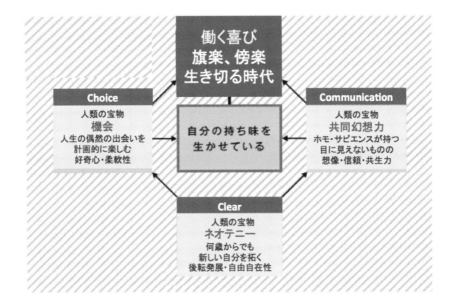

おわりに──「未来のかたち、未来のすがた」

　小学２年生の夏休み。両親に連れられ、田舎である新潟に行った時のこと。ふと見上げた星空に、私の心は一瞬にして奪われました。センス・オブ・ワンダー。そこには、息を呑むような美しい白鳥が、天の川に沿って大きな翼を広げて羽ばたいていたのです。「白鳥が飛んでいる！」「どこに行くのだろう」。興奮を口にしながら、ずっと白鳥の行方を見つめていたことを今でも覚えています。

　白鳥座の由来の一つは、ギリシャ神話。大神ゼウスが美しい王妃レダを気に入り、白鳥に姿を変え会いに行く物語です。まさに私の心に映ったのも、白鳥座の「かたち」の中に息づく、白鳥の「すがた」。その物語でした。

　Constellation［＝ con（一緒に）＋ stella（星）］。改めて考えてみると、星座は、人類の不思議な営みです。異なる時間。異なる場所。異なる関係。何万光年の時空を隔てて別々に輝く星々。それらの光と光を結んで「かたち」にし、そこに「すがた」を映し、物語にする。しかも、一人ひとりが自らの美的な主観を拠り所に、100人100色の結び方、描き方、語り方で、幾千もの神話を物語る。これは、美的な主観を持ち得ない AI にとっては神業とも言える営みです。

　ユング心理学では、Constellation は「布置」と呼ばれます。一つ一つの事柄は、何の関係がなくても、ある時、それらが一つのまとまりとして意味を示し、気づくようになるという概念です。そうして見ると、布置は、気づかなかった関係（不知）を、有難い関係（縁）にする。言い換えれば、「布置は、不知を縁（ふち）にする」。そんな人間ならではの心の在り方なのだと思います。

「新たな関係を結び」「意味に気づき」「未来のかたち」と「未来のすがた」を「物語る」。本書は、まさに星座・布置のごとく、新たなご縁に支えられ、「未来のかたち」を作り上げてきたものです。

　まずは、テクノ・インテグレーション代表取締役社長の出川通さん。出川さんとご縁がなければ本書は生まれませんでした。改めて御礼申し上げます。2003年『Tech 総研』で連載いただいた「技術者人性の法則」。その書き出しで出川さんはこう書いています。〜私は「技術・技術者の仕事は面白い」といつも思っています。ただ、「どこがどう面白いんだ？」と聞かれると、「面白いから、面白い」「だって面白いから」となって、なかなか説明が難しい〜。この時私は、大きな共感とともに、一生のご縁をいただいたと直感しました。

「面白いから、面白い」。そんなまなざしを共有する出川さんとのご縁から、このたび、出版を引き受けていただいた、言視舎社長の杉山尚次さんと出会うこと

ができました。企画構想から執筆、出版まで半年以上。遅々として進まない私の背中を優しく押していただき、筆者の「面白い」が布置となるまで、深い気づきと支援をいただきました。改めて御礼申し上げます。本書の本文デザインを引き受けていただいた REN さんにも感謝します。お陰で、美しい星座を届けることができました。取材にご協力いただいた皆様に深く感謝申し上げます。「働く喜び」を引き寄せる「働く方変革」の先導者として、深き手本を示していただきました。

またリクルートの同志にも御礼申し上げます。

未来の働く胎動を語ってくれた、リクルートエージェントのキャリアアドバイザー、リクルーティングアドバイザー、シニアコンサルタントの皆様に深く御礼申し上げます。業界に特化した深い智慧から見える求職者と求人企業の新しい胎動、両者が新たに生み出す新たな働き方が楽しみになりました。また、日々新たなサービス開発、新たな生き方、新たな職場創りを推進するプロフェッショナルの皆様にも深く感謝申し上げます。『リクナビ NEXT ジャーナル』の櫛田健介さん、『moffers by CodeIQ』の澤田大輔さん、『グッドエージェント』の山田大貴さん、岩田葵さん、元広島支社の小宮隆嗣さん、広島支社の小澤将之さん、『サンカク』の古賀敏幹さん、椛田紘一郎さん、『GLOVER Refer―グラバーリファー』の高橋和彦さん、『リクナビ HRTech』の南雲亮さん。『アントレ』編集長の菊池保人さん、田中翔さん、岡本由美さん、『グッドアクション』の鈴木いづみさん、秦野優子さん。もっと気軽に、もっと楽しく、もっと深く。「未来のかたち」が楽しみになりました。

リクルートワークス研究所　労働政策センター長の中村天江さんにも感謝します。「未来の働く」に対する中長期のまなざしや解決する包括的な枠組みで、多くのアドバイスをもらいました。経営統括室の高田悠矢さんには、賃金動向データで労働市場の需給の胎動を示唆してもらいました。広報部の前原佳世子さんには、「働く喜び」を生み出す構造やそこに息づく本質を教えていただきました。また、社外広報の岩元洋介さんには、多大な協力をもらいました。転職決定者データや転職コンサルタントのレポートなど、「働く未来のかたち」を物語る力強い支援をもらいました。最後に広報部の同志、宮村収さんに感謝します。会社として旗を掲げる「働く喜び」に、筆者の布置（主観）が入った「未来のかたち」を発信する機会を与えてもらえました。星座も布置も未来のかたちも一人ひとりが多様に描くもの。その個の尊重を大切に、本書の「未来のかたち」を心から応援してくれました。

リクルートに入社以来 30 年。これまで「働く」をテーマに、新たな働き方・生き方を実践する先達と、多くの対話をしてきました。起業家、冒険家、テクノロジスト、データサイエンティスト、ソーシャルデザイナー、AI/VR 研究者、禅僧、分子生物学者、哲学者、スポーツアスリート……。

　未来の子供達のためにこの世界を 1㎜ でも良き方向にしたいと、仲間と苦楽を共にし、日々職場で奮闘する。旗を掲げ楽しみ、傍(はた)を楽にする。そんな「旗楽人・傍楽人」に魅了されてきました。そこに共通するのは、人の可能性、人と人が織りなす組織の可能性をとことん信じる、「すがた」と「かたち」でした。

　本書が、「人の可能性をとことん信じる」皆様の職場が、「働く喜び」にあふれる。その「未来のかたち」へのヒントになれば幸いです。

　　人で、人は動き出す。人で、組織は動き出す。人で、社会は動き出す。

はたらくエバンジェリスト　藤井　薫

[著者紹介]
藤井　薫（ふじい・かおる）
リクナビNEXT編集長、「未来のはたらく」を引き寄せる伝道師、「はたらくエバンジェリスト」、デジタルハリウッド大学／明星大学非常勤講師。1988年リクルート入社。以来、人材事業のメディアプロデュースに従事。TECH B-ing編集長、Tech総研編集長、アントレ編集長を歴任。2008年からリクルートグループの組織固有智の共有・創発を推進するリクルート経営コンピタンス研究所コンピタンスマネジメント推進部及グループ広報室に携わる。14年からリクルートワークス研究所Works編集部兼務。16年4月より現職。現在、リクルート経営コンピタンス研究所エバンジェリストの兼務とともに、「未来のはたらく」を引き寄せる伝道師、「はたらくエバンジェリスト」として、変わる労働市場、変わる個人と企業の関係、変わる個人のキャリアについて多方面で発信。デジタル・トランスフォーメーション時代のイノベーション、AI（人工知能）と労働の未来、ダイバーシティー・マネジメント、アントレプレナー・パラレルキャリアの生き方など、多様なテーマを発信。新聞・雑誌でのインタビュー、寄稿、イベントでの講演多数。

装丁………佐々木正見
DTP制作………REN
編集協力………田中はるか

働く喜び 未来のかたち
転職市場の最前線から「未来のはたらく」が見えてくる

発行日❖2018年6月30日　初版第1刷

編者
リクルートキャリア

著者
藤井薫

発行者
杉山尚次

発行所
株式会社 言視舎
東京都千代田区富士見2-2-2　〒102-0071
電話 03-3234-5997　FAX 03-3234-5957
http://www.s-pn.jp/

印刷・製本
中央精版印刷（株）

©2018, Printed in Japan
ISBN978-4-86565-122-5 C0036

言視舎刊行の関連書

978-4-86565-060-0

リクルートの伝道師(エヴァンジェリスト)が説く
外食マーティングの極意
図表とイラストでわかる外食産業進化論

流行を追うだけではわからない変化の本質、外食産業の課題と未来が、業界初「大規模消費者調査・データ」からわかる。「街×ターゲット×シーン」マーケティングにより「外食する人びと」11タイプなど即効性のツールを提供。

竹田クニ 著　　　　　　　　　　　　　　Ａ５判並製　定価1700円＋税

978-4-905369-42-4

平賀源内に学ぶ
イノベーターになる方法

平賀源内の発想法・生き方が、現在の日本と日本人を活性化する。学者、発見家、発明家、エンジニア、起業家、ネットワーカー……改革者として源内がなしたことを検証し、現在に生かすヒント・方法を導き出す。新しいことがしたくなったら読む本。

出川通 著　　　　　　　　　　　　　四六判並製　定価1500円＋税

978-4-905369-96-7

増補改訂版
図解 実践MOT入門

モノづくりや技術に携わる人必携の基本書。チャートで学ぶ、成功し儲けるためのMOT戦略。MOTコンサル第一人者による解説、すぐ役立つ実践的内容。大企業から中小・ベンチャー企業まで、だれでもイノベーションの方法を実践できる！

出川通 著　　　　　　　　　　　　　Ｂ５判並製　定価1100円＋税

978-4-905369-43-1

イノベーションのための理科少年シリーズ①
理系人生
自己実現ロードマップ読本
改訂版「理科少年」が
仕事を変える、会社を救う

「専門家」「技術者」というだけでは食べていけない時代…仕事と組織をイノベートするには「理科少年」の発想が最も有効。生きた発想とはどういったものなのか？　理系エンジニアに限らず、どの分野でも使える知恵とノウハウ満載！

出川通 著　　　　　　　　　　　　　四六判並製　定価1600円＋税

978-4-86565-059-4

「ニ」族と「ヲ」族で、
世界がわかる！
日本企業が世界で逆襲するための事業戦略

「ニ」族企業＝相手に自分を合わせる。「ヲ」族企業＝相手を自分に合わせる。「ニ」族と「ヲ」族という視点で日本企業の繁栄と停滞を理解し日本企業の「第３ラウンド」にどう勝つか？　世界で勝つための10の戦略フレームを提案。

水島温夫 著　　　　　　　　　　　　Ａ５判並製　定価1500円＋税